ROOFS

屋根の設計ディテール

企　　画　アリアン・モスタエディ
エディター　ピラー・チュエカ
翻　　訳　乙須 敏紀

ROOFS architecture in detail
© Carles Broto i Comerma
Ausias Marc 20, 4-2
08010 Barcelona, Spain
Tel.: +34 93 301 21 99 Fax: +34 93 302 67 97
info@linksbook.net
www. linksbook.net

No part of this publication may be reproduced,
stored in retrieval system or transmitted in any form
or means, electronic, mechanical, photocopying,
recording or otherwise, without the prior written permission
of the owner of the Copyright.

目 次

屋根の種類	6
屋根に要求される性能	16
勾配屋根	18
片流れ屋根	22
切妻屋根	26
寄棟屋根	40
多面体屋根	44
曲面屋根	48
陸屋根	56
歩行屋根	66
砂利押え屋根	72
緑化屋根	78
パーキングルーフ	84
ルーフ・ファサード一体型システム	88
実験的屋根	96
補助エレメント	110
天窓	112
ルーバー	124
軒	130
換気筒および煙突	136
ソーラーパネル	142
樋およびドレン（排水管）	148
屋根葺き材	154
瓦・タイル	156
アスファルトおよび合成樹脂ルーフィング	160
木材	162
ガラス	166
金属	172

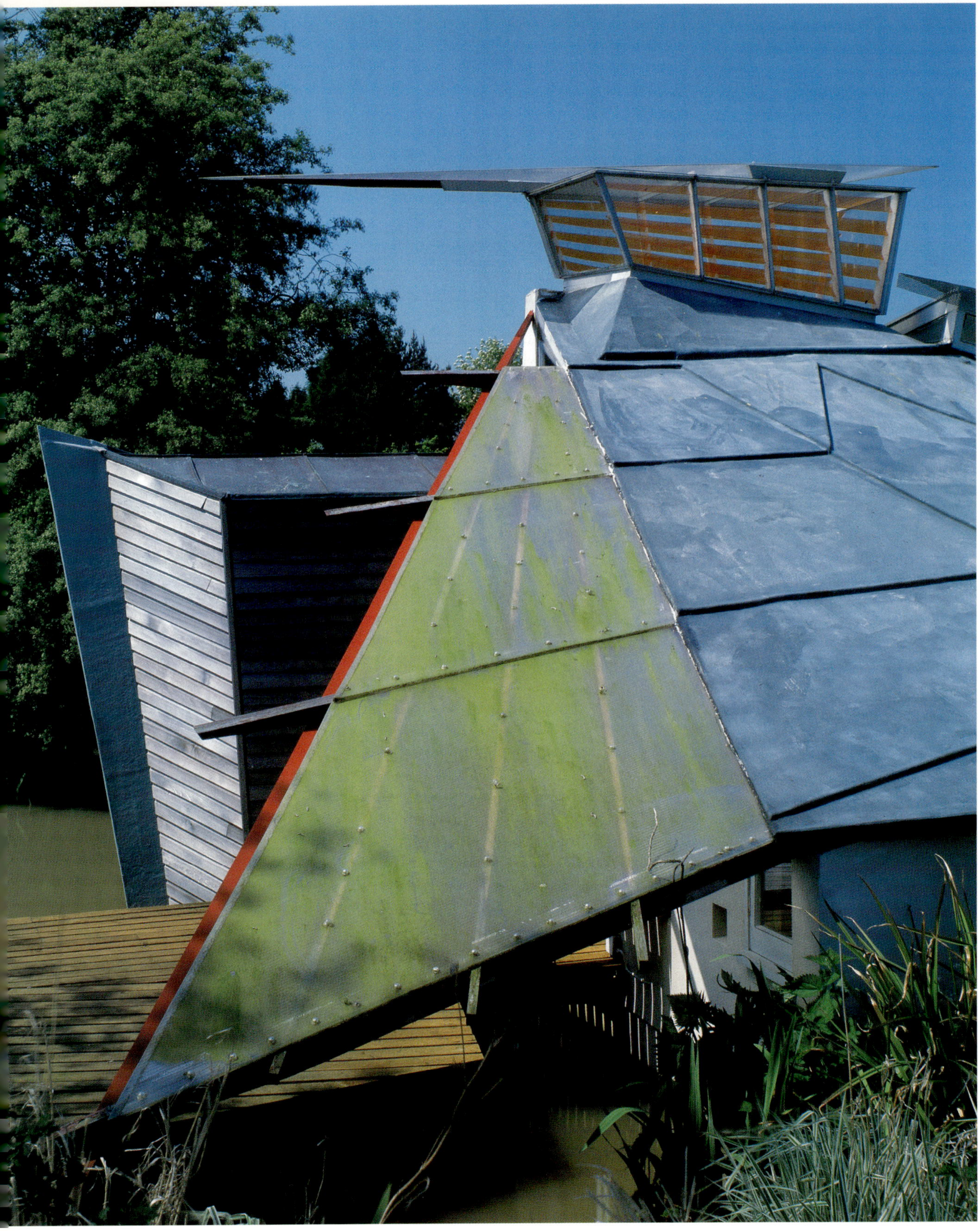

はじめに

　屋根はさまざまな自然要因から人間を防護するという人間の本源的要求に根ざして創造された。気候が変われば防護の要件も変わり、必要とされる屋根の機能も変わる。ある地域では、屋根は強烈な日光から人々を防護する役割を果たさなければならないであろう。別の地域では、暴風雨から人々を防護しなければならないであろう。また時には雨水を貯留する役割を果たさなければならないこともあるだろう。屋根は気温の変化に最も大きな影響を受ける、それゆえ最大の膨張率、収縮率をもつエレメントである。

　こうして立地の特性に応じて、さまざまな葺き材が、いろいろな厚さで使われ、多種多様な屋根が創造されてきた。

　屋根は建物のデザインおよびメンテナンスにとって疑いもなく非常に重要な役割を果たす。どのタイプの屋根にするかは基本的に、クライアントの要望、環境との適応、気候条件、入手可能な材料によって決定される。当然費用対効果を最大にすることも考慮されなければならない。どのような性能、特徴をもった屋根にするかによって、技術、予算の両面から最適な解が導き出される。屋根は構造学的に構想され、環境のさまざまな条件に適応するように合理的に計画されなければならない。

　勾配が5%未満の屋根は陸屋根に、5%から15%までは低勾配屋根に、そして15%以上は勾配屋根に分類される。本書はこれらすべてのタイプの屋根、屋根葺き材、その構成エレメントについて、著明な建築家による解説と説明図によって概説する。それらの概説には圧倒的な量の写真、設計図が添えられている。

屋 根 の 種 類

屋根の種類

屋根を分類する基準にはいくつかある。
　一般に、建物全体との関係によって屋根は以下の3種に分類することができる。
- 屋根とファサードの間に明確な境界線のないもの。
- 明らかに屋根とファサードが分化しているもの。
- 道路に立つ観察者から見て、屋根が屋根として明確に表現されていないもの。

テクトニク・アーキテクト、ロジスティックセンター(リヨン、フランス)

ラルフ・クーシー&クラース・ゴリス、ハウス9401(メイズ、ベルギー)

シーザー・ペリ、シーホークホテル・アンド・リゾート(福岡市)

屋根はまた別の観点から、以下の3種に分類される。
- **曲面屋根**：1面あるいは2面の曲面によって構成される屋根。
- **勾配屋根**：鋭い勾配を持つ傾斜平面によって構成される屋根で、全体のコンポジションの一部として目で確認できるもの。
- **陸屋根**：水平もしくは勾配が非常にゆるやかな屋根で、道路から見て全体のコンポジションの一部として目で確認できないもの。

マイケル・グレイブス、ミラマールホテル（アグーザ、カイロ、エジプト）

ビート・コンゾーニ、グネディンガー邸（ザンクトガレン、スイス）

押野見邦英&仙波武士、木とカーテンウォールの家（品川区、東京）

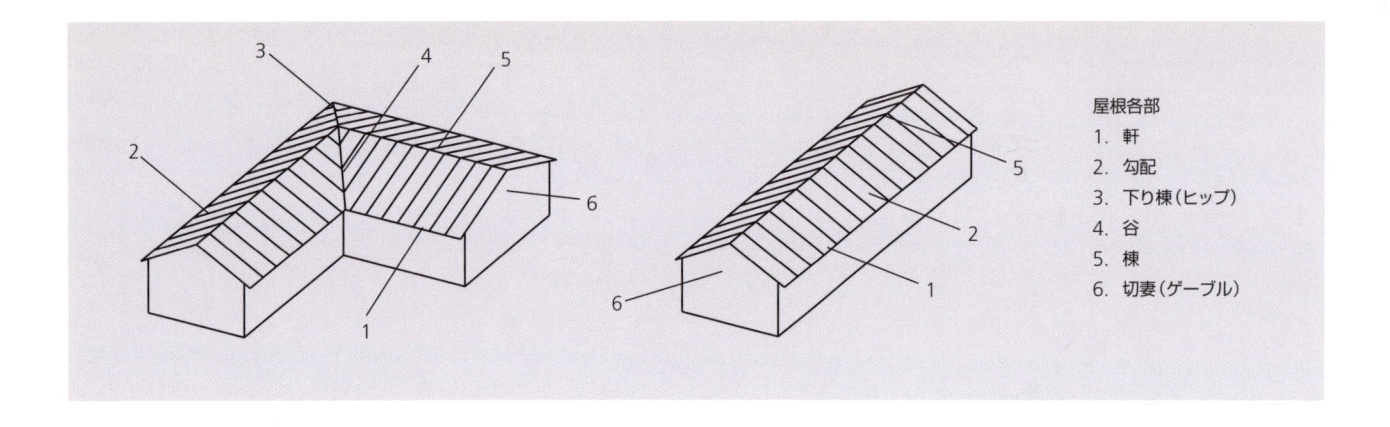

屋根各部
1. 軒
2. 勾配
3. 下り棟（ヒップ）
4. 谷
5. 棟
6. 切妻（ゲーブル）

　以上の一般的区分は、実践的な目的のためさらに以下のように分類される。勾配（傾斜）屋根は、棟と谷の数に応じて区分される。
- 単純屋根：谷が1箇所もない屋根
- 複合屋根：1箇所以上の谷のある屋根。これは2棟以上の単純屋根の結合によって形づくられる。

ルイ・クロスター、ソーラ・ルイン教会（ヤーレン、ノルウェー）

ビート・コンソーニ、グネディンガー邸（ザンクトガレン、スイス）

単純屋根は斜面の数、形状によって以下のように分類される。
- **片流れ屋根**：単一の斜面によって構成される屋根。ペントルーフとも呼ばれている。
- **切妻屋根**：2方向の斜面によって構成される屋根。普通の切妻屋根のほか、谷屋根（バタフライ屋根）、のこぎり屋根、四面腰折れ屋根（マンサード屋根）なども含まれる。
- **寄棟屋根**：4方向の斜面によって構成される屋根。4つの斜面が同一幅の場合、方形屋根と呼ばれ、2方向の斜面が他の2方向の斜面よりも幅が狭い場合、寄棟屋根と呼ばれる。
- **多面体屋根**：5面以上の斜面によって構成される屋根で、ピラミッド型屋根、尖塔、その他の複雑な形状の屋根が含まれる。

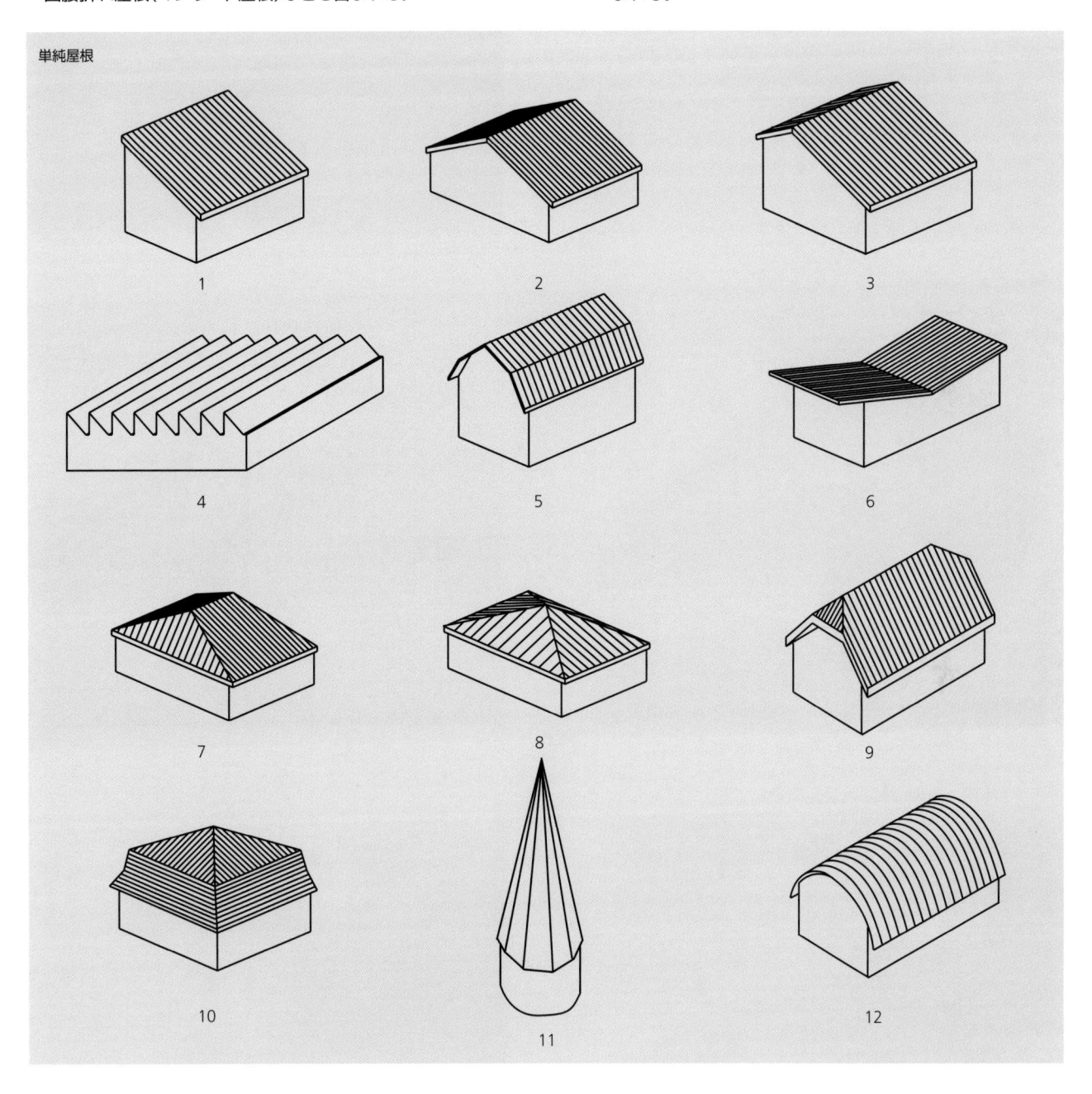

単純屋根

1. 片流れ屋根
2. 切妻屋根
3. のこぎり屋根
4. のこぎり屋根
5. 腰折れ屋根
6. 谷屋根（バタフライ屋根）
7. 寄棟屋根
8. 方形屋根
9. はかま腰屋根（半切妻屋根）
10. 四面腰折れ屋根（マンサード屋根）
11. 多面体屋根
12. かまぼこ屋根

ベーニッシュ&パートナー、ヴォケーショナルスクール(エーリンゲン、ドイツ)

ベアルス&デプラザス、ウィリマン―レッチャー邸(セプゲイン、スイス)

ロブ・デュボア&小針修一、佐々木邸(築館、宮城県)

イグナシオ・カピタン、仕立て職人の家(セビリア、スペイン)

センターブロック・アーキテクツ&フランチーズ、マーサズバインヤード(ニューイングランド島、アメリカ)

フェロ・オテロ、カーサカミード(ボンビーナス、ブラジル)

安藤忠雄、ファブリカ〈ベネトンアートスクール〉（トレビゾ、イタリア）

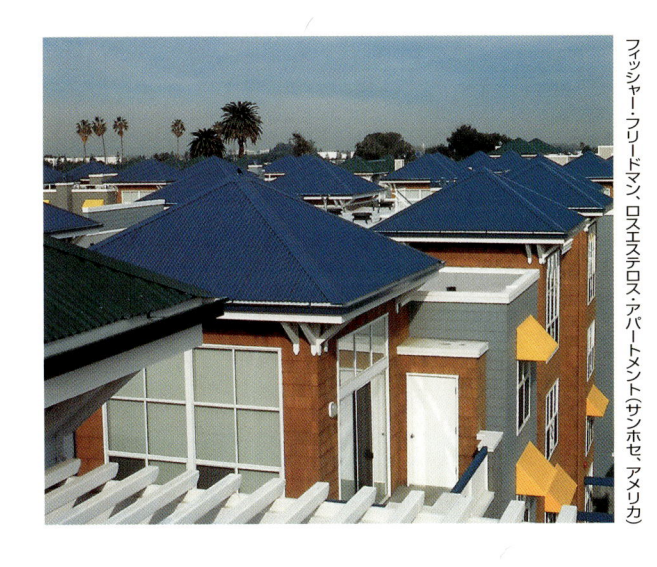

フィッシャー・フリードマン、ロスエステロス・アパートメント（サンホセ、アメリカ）

ガスパリン＆メイヤー、エーベンベルガー温泉場（ジフリッツ、オーストリア）

アドルフ・ケルツ＆ラバート・ソラン、ミッターメイヤー邸（ザルツブルグ、オーストリア）

クルト・アッカーマン＆パートナー、下水処理場（ミュンヘン、ドイツ）

フェルナウ＆ハートマン、エイヤー邸（カリフォルニア、アメリカ）

13

陸屋根はまた、最初に以下のように分類できる。
- コールドルーフ:気温の高い気候条件のもとで熱を分散させるため、屋根下地と構造躯体の間に通気空間を設けている屋根。
- ウオームルーフ:屋根下地と構造躯体の間に通気空間のないもの。したがって屋根葺き材と屋根下地が構造躯体に密着している屋根。
- インバーテッドルーフ(外断熱屋根):ウオームルーフの1種で、通気空間はないが、断熱材が防水層の上に位置し、それを保護している屋根。

これらの屋根は、さらに以下のように分類できる。
- 歩行屋根
- 砂利または断熱スラブの保護層を有するインバーテッドルーフ
- 非歩行露出仕上げ屋根
- 緑化屋根
- デッキタイプおよび工場屋根
- 散水屋根
- パーキングルーフ

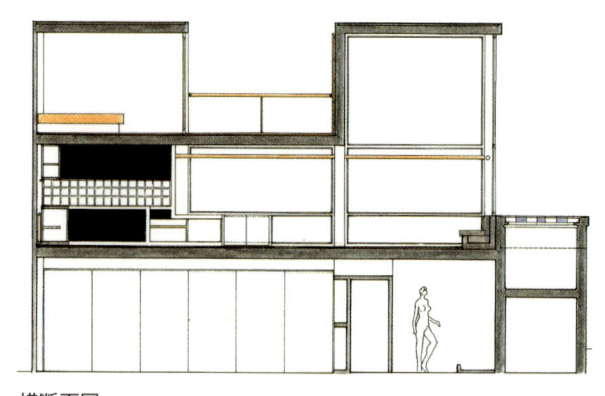

アンリ・エドワール・シリアーニ、海辺の別荘(リマ、ペルー)

グラハム・フィリップス、スカイウッドハウス(ミドルエセックス、イギリス)

横断面図

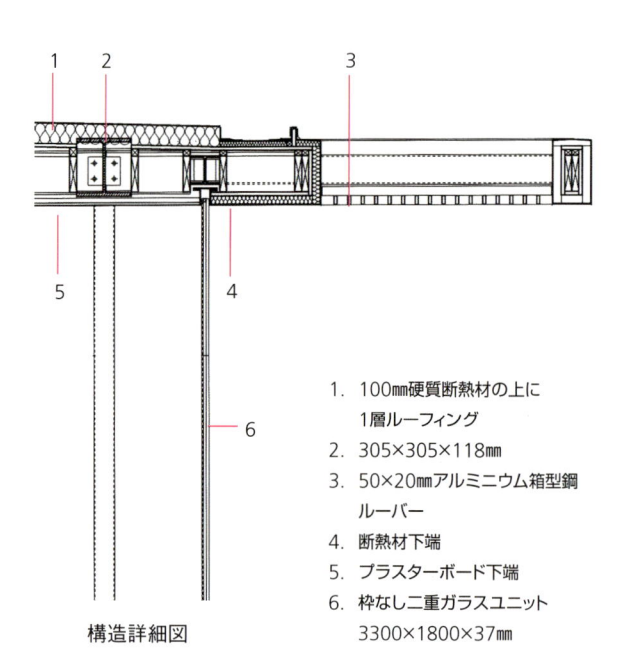

構造詳細図

1. 100mm硬質断熱材の上に1層ルーフィング
2. 305×305×118mm
3. 50×20mmアルミニウム箱型鋼ルーバー
4. 断熱材下端
5. プラスターボード下端
6. 枠なし二重ガラスユニット 3300×1800×37mm

アバン・トラヴウォウ、絵画修復センター（コロンブ、フランス）

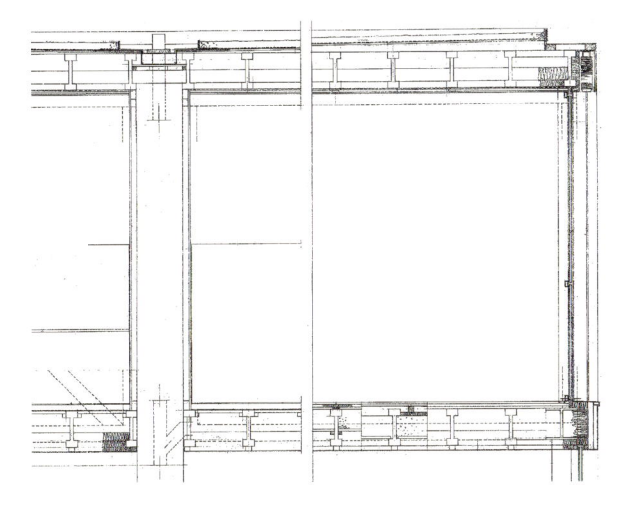

PAUHOFアーヒテクテン、P氏邸（グラマシュテーテン、オーストリア）

ディーター・ティール、バンガートスタジオ＆ハウス（ショップハイム、ドイツ）

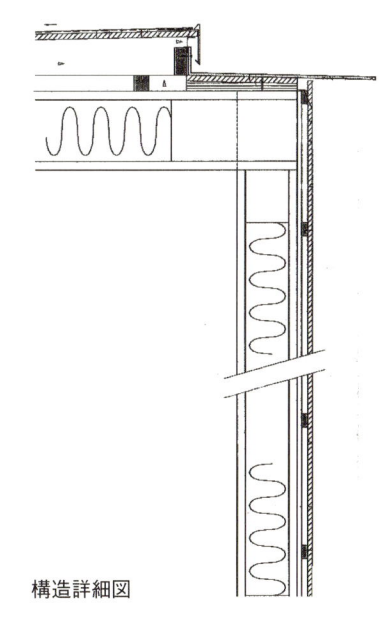

構造詳細図

屋根に要求される性能

屋根は建物を密閉するエレメントとして、防護と絶縁という全体的な機能を遂行しなければならない。それゆえ、以下の要求性能を満たすものでなければならない。

- 空中騒音および衝撃騒音に対する音響学的絶縁：軽量屋根材の普及に伴なってこの要求性能はますます重要になっている。音響学的絶縁を図るためには、吊り天井方式が用いられるべきである。
- 熱絶縁：直接放射により生じる建物への入射熱の影響は、建物の熱平衡にとって重要な因子である。現段階では太陽の輻射熱を夏は反射し、冬は吸収するという選択的性能を持つ材料を使用することを望むのは無理である。それゆえ、そのような要件を満たすには、二重屋根工法が必要となる。外側の屋根は日射を利用し、内側の屋根は日陰を作り、冷房のための雨水を貯める。
- 防水：屋根の勾配が急になればなるほど、雨水が屋根に滞留する時間が縮減し、浸入の危険性も減少する。防水の要件は、水吸収係数の低い材料を使用し、できるだけ大きい構成エレメントを使用することによって接合箇所を減らし、雨水の浸入の危険性を最小限に抑えることである。
- 防風：防風のために、屋根は垂木とシーリングされた野地板により構成される連続したスラブの上に据えられなければならない。そうすることによって、より多く太陽輻射と雨にさらすことができる屋根が構築できる。
- 動的／静的安定度：屋根は自重および、作業、雨水、雪、あられなどの積載荷重、および風による吸引力に耐えられるものでなければならない。
- 防火：屋根の構造は、居住者の避難を確保するに足る遮炎性能(FS)を提供するものでなければならない。野地板は火災時の煙と熱の排出ルートの1つであるから、その耐火性能(RF)は過剰であってはならない。
- 最後に、屋根葺き材は耐久性があり、互換性があるものでなければならない。

MVRDV、VPRO別荘(ヒルヴェルサム、オランダ)

ROTO Architects、卸売店C(長崎市)

ホセ・ヒガンテ、獣医学国立研究所(ヴィラ・ド・コンデ、ポルトガル)

シスコヴィッツ&コヴァルスキー、集合住宅(グラーツ、オーストリア)

マリオ・ボッタ、ダロ―ベリンゾーナの住宅(ダロ、スイス)

みかんぐみ、新NHK放送局(長野市)

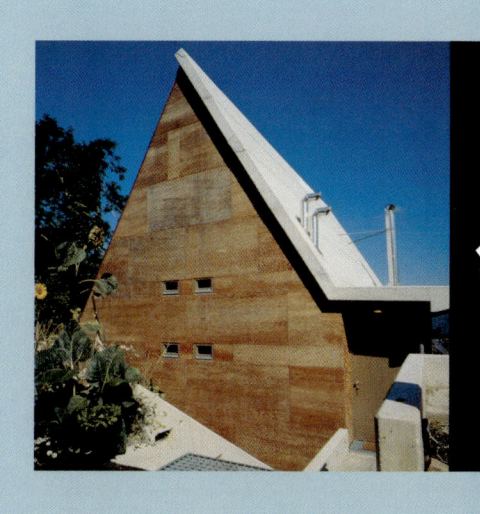

勾配屋根

勾配屋根

　勾配屋根は建築が容易なことから、歴史が古く、最も多く見られる。単一の屋根葺き材により構成され、その構造は、建物の他の床面とは全く異なっている。

　その構造は時代の移り変わりの中で、最も多く変遷を経験してきた。

　技術的な改良は、必ずしもスパンを最大にする方向だけをめざして行われてきたのではない。独創的な空間を創造することを目的とした改良も行われ、時にはデュアルオーダーの屋根も創造されている。一方は外界と呼応するオーダーであり、他方は内部と呼応するオーダーである。

　勾配屋根は、雨に対して建物を防護する層と、気温の変化に対して防護する層とを分離させ、それらの間に、水分を乾燥させ、温度調節器の役割を果たす通気空間を設ける方向で進化してきた。

　屋根の傾斜平面は、水密性を確保するものでなければならない。傾斜角度が増せば増すほど、屋根を流れ落ちる水の速度は速まり、屋根の上に滞留する時間が短くなり、浸入の危険性も少なくなる。防水性を確保するために、水吸収係数の低い材料を使うことが肝要であり、水の浸入のおそれのある接合部の数を減らすため、できるだけ大きなエレメントを使う必要がある。接合部は水の浸入を防ぐため、エレメントを重ねあわせることによって防護される。重ねあわされた部分の隙間は、風による横殴りの雨の浸入を防ぐため、シーリングにより密閉される。

A. 湾曲陶製瓦（モルタル下地）
B. 平陶製瓦（モルタル下地）
C. 平陶製瓦（釘止め）
D. 平セメント瓦（モルタル下地）
E. 平セメント瓦（釘止め）
F. ガラス
G. アスベストセメント
H. 銅板
I. スレート
J. ポリエステル
K. メタル
L. 鉛板
M. アスファルト被膜
N. プラスチック被膜
O. 合成ペースト

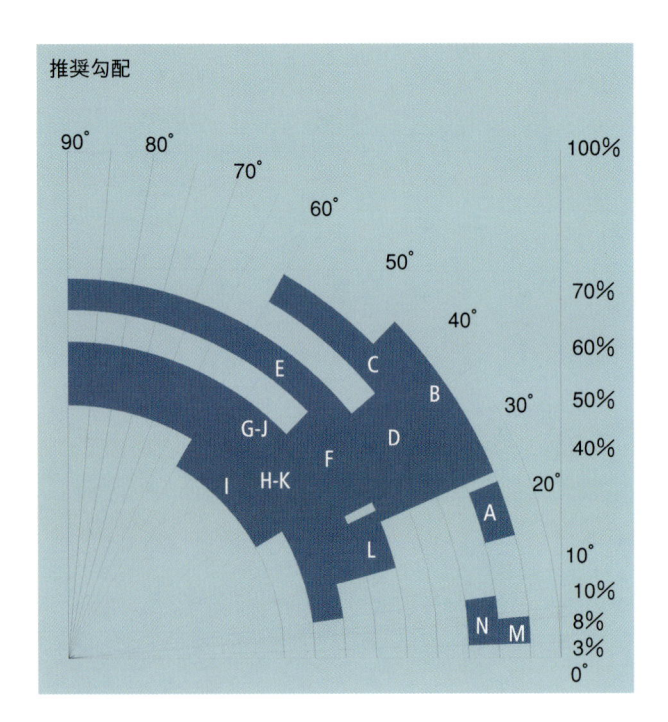

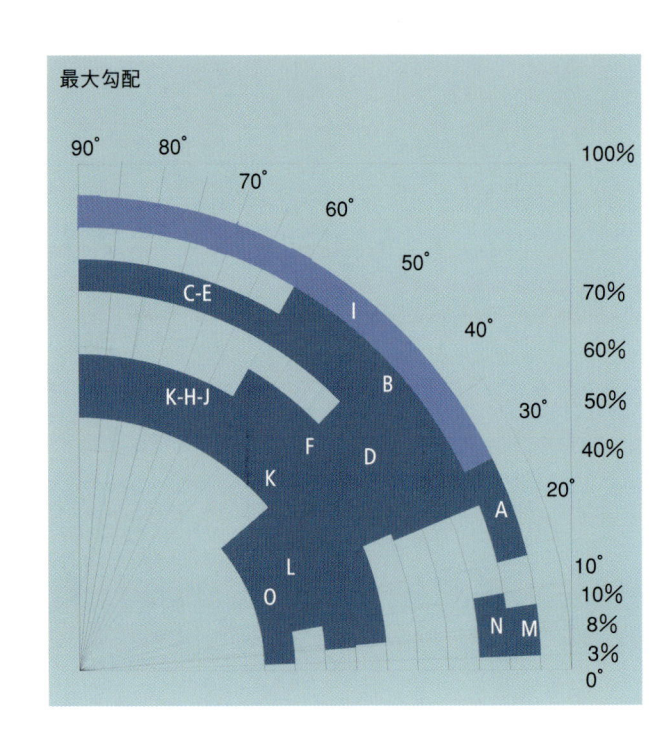

日光の直接放射による入射熱は、最重要作用因子と考えられなければならない。それは屋根内部に重大な熱挙動を引き起こす。そのため接合部は、応力変形を許容する伸縮性のあるモルタルでシーリングする必要がある。熱絶縁機能というのは、屋根を通じて伝達される熱の伝導率を低下することである。

　屋根は、その耐用年数を延長させるため、十分な維持管理が行なわれなければならず、1年に2回は検査を行うべきである。1回目は雨季の前に行い、よく清掃し、防水性能を検査する。2回目は、雨季後に検査し、何らかの損傷があれば補修する。さらに、5年おきに屋根葺き材の状態をチェックする必要がある。

　通常勾配屋根は小さいエレメントで覆われているので、損傷が見いだされたとき簡単に交換することができる。また勾配屋根は、家の内部から観察できる場合が多く、損傷が見つけやすく、しかも内側から修理することが可能な場合もある。

　最後に、勾配が急な屋根の場合、材料を重ね合わせる部分の長さを短くすることが可能であるが、瓦を用いる場合は落下を防止するために、瓦は必ず構造躯体に緊結されなければならない。

ジャン・ステーマー、市営倉庫（ハンブルグ、ドイツ）

アーヒテクテン・シー、The Whale（アムステルダム、オランダ）

片流れ屋根

横断面図

階段状の屋根は、やや誇張して言えば急勾配の地面に対して垂直に位置し、住宅を取り巻く荘厳な景観に対して内部空間を開いている。

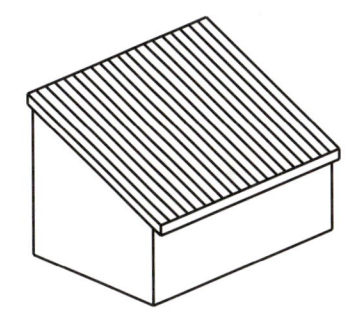

マーガレッテ・ホイバッヒャー－セントーベ、ある音楽家の家(チロル、オーストリア)

キスター・シェイトハウアー・グロス、マッハ邸（デッサウ=モージッヒカウ、ドイツ）

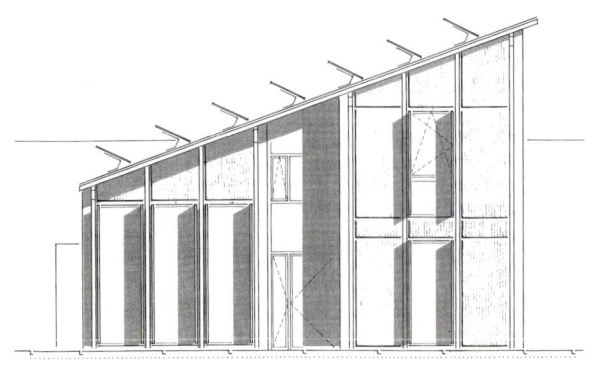

片流れ屋根は西に向かって傾斜しており、全体が堅牢なダブルウェーブ構造のマクロロン樹脂と木製の蝶番つき羽根板で構成されている。羽根板の位置は、冬の低い位置にある太陽の放射熱が太陽熱集熱室の空気を温め、熱交換システムによって住宅内部を暖めることができる位置に設定されている。

南側立面図

横断面図

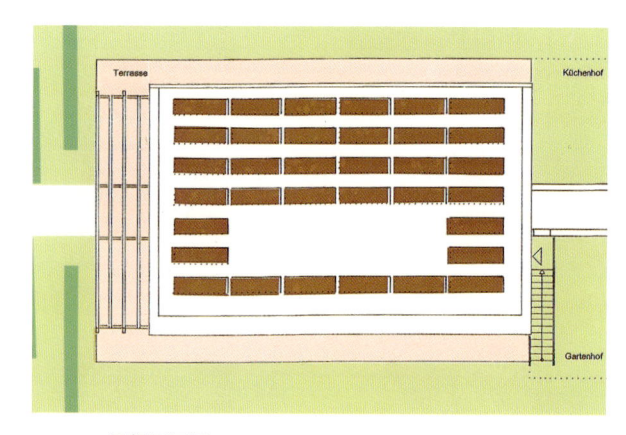

屋根平面図

ピート・ボスリー、アイランドベイの家（アイランドベイ、ニュージーランド）

　片流れ屋根は低い位置に向かって幅が広くなっており、各部屋に付属するウッドデッキに最大3m幅の日陰を提供する。屋根の全長は40mで、壁の上に持ち上げられ、積層木材の垂木に支持されている。

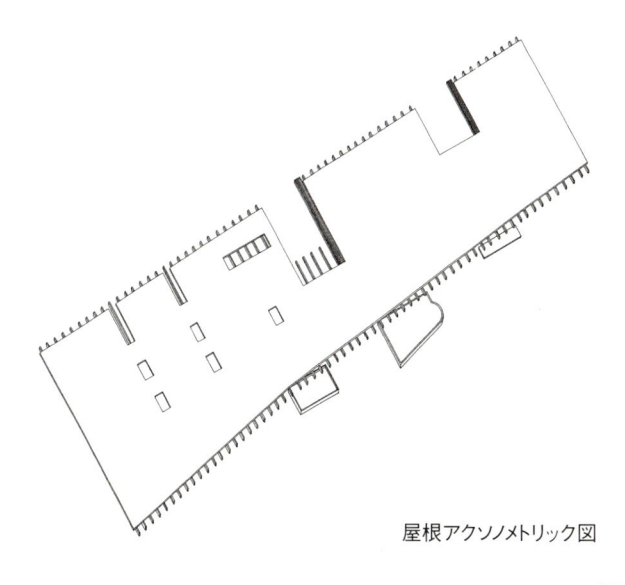

西側立面図

屋根アクソノメトリック図

切妻屋根

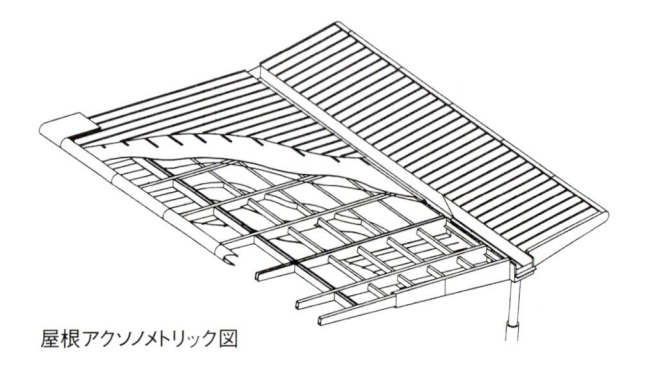

屋根アクソノメトリック図

屋根の一部が、矩形の壁の上に浮遊する軽量メタル製バタフライ屋根にデザインされている。

ベドマー&シン、レジデンス8（シンガポール）

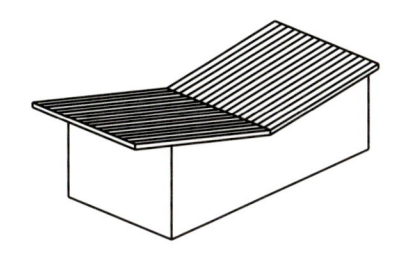

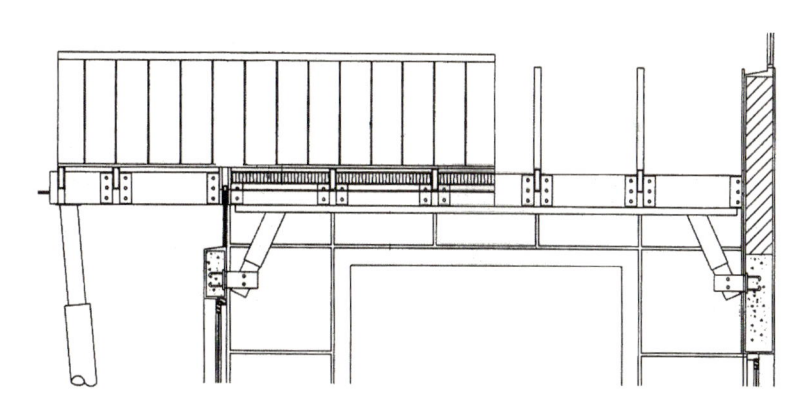

バタフライ屋根縦断面図

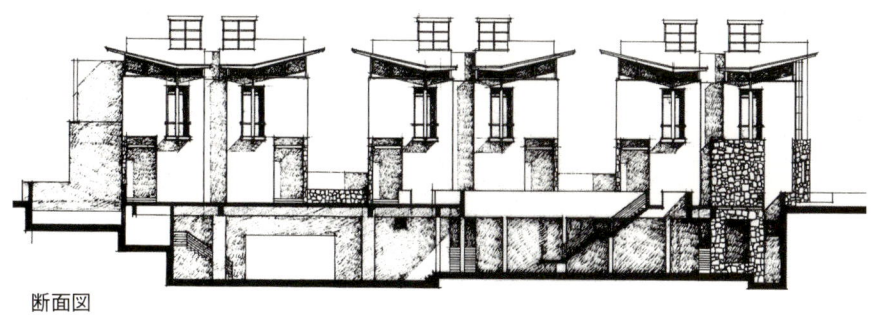

断面図

住居から数メートル離れた所にあるもう1つの小さな建物——バタフライ屋根の倉庫——の存在が、切妻屋根の主要建物によって確立されているオーダーにかすかな軽みを添えている。

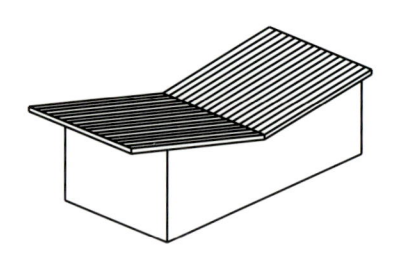

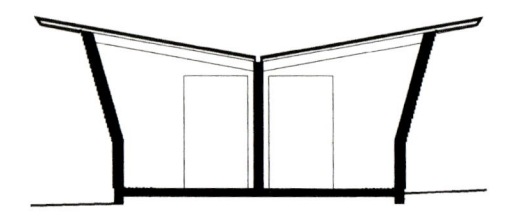

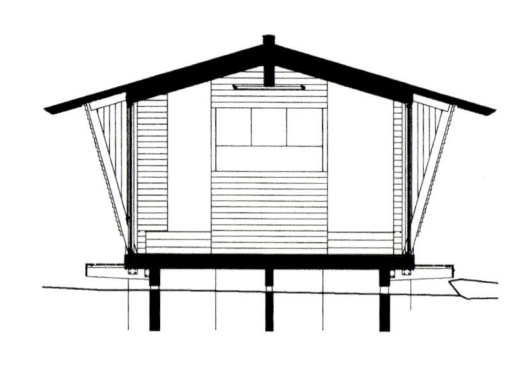

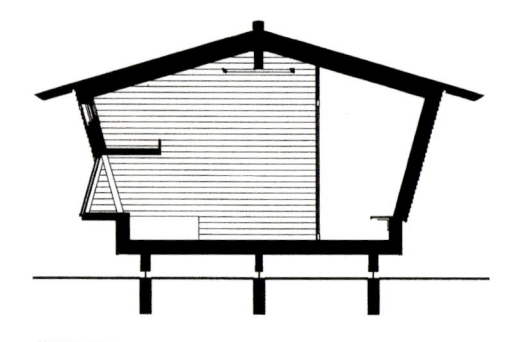

ヤルムン／ビグナEAS Architects MNAL、ノルウェー海岸別荘（ノルウェー）

横断面図

北西側立面図

ジャン・ポール・ボネメゾン、リュベロンの家（リュベロン、フランス）

29

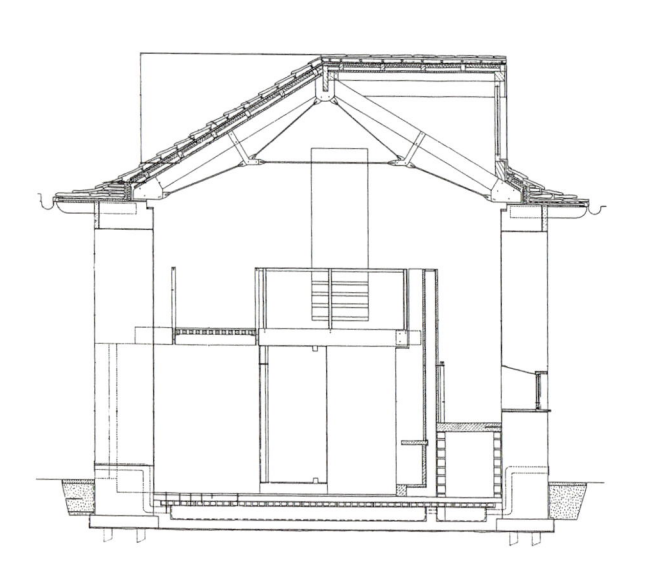

アトリウム断面図

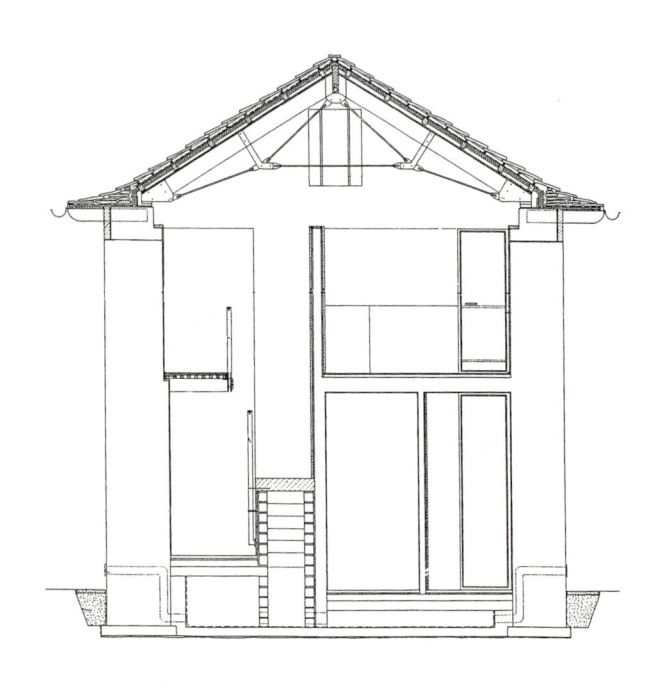

リビングルーム断面図

マウロ・ガランティーノ&フェデリコ・ポリ(スタジオ3)、オルタサンジュリオの家(オルタサンジュリオ、イタリア)

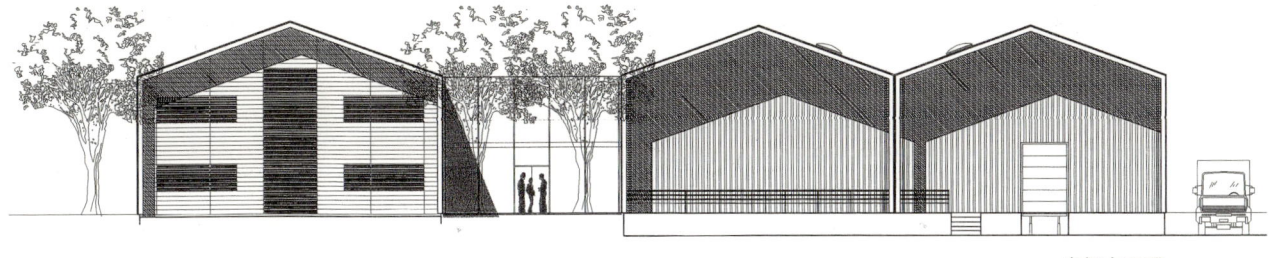

東側立面図

ジャック・フェーリエ設計、トータルエナジーオフィス&ワークショップ、(ラ・ツール・デ・サルバニー、フランス)

この住宅は、戸建て住宅が立ち並ぶかなり急な傾斜地の一角に位置している。周囲の住宅が切妻屋根の流行を足早に追うなかで、この住宅は意義深い代替案を投げかけている。普通の切妻屋根のように見せかけながら、そこに遊び心が込められているため、コンクリートスラブの屋根に対して60度の角度で接しているもう一方の勾配屋根は、いわばメタファーである。しかしそれは非常に現代的である。西側ファサードのラメラスキンは、とりわけ午後の時間帯にはウッドデッキテラスにやさしい影を投げかけ、この建物に独特の外観的特徴を付加している。2つの勾配屋根に挟まれた切妻には窓が開かれ、住宅内部に自然光と景色を注入している。

ヘルマン&ヴァレンティニィ、側道の家（ウィーン、オーストリア）

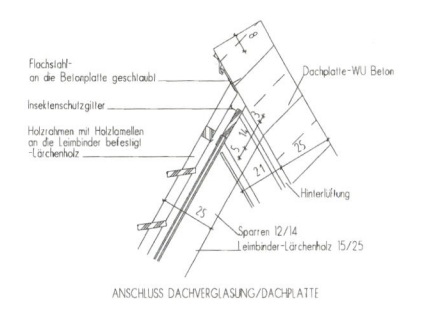

ANSCHLUSS DACHVERGLASUNG/DACHPLATTE

DACHPLATTE - HORIZONTAL SCHNITT

AUFBAU DACHPLATTE:
25cm-Sichtbetondachplatte (B300)
3/5cm Lattung/Hinterlüftung
14cm-FDPL
2,4cm-Sparschalung
Dampfbremse
0,9cm-Birkenplatten

構造詳細図

フィリップ・グムチジャン、D.P.Think Tank、船小屋（スキバリーン、アイルランド）

デザインの主たる要素は、年間を通じてかなり激しく降る雨に対する、物理的および心理的防護の役割を果たす張り出し屋根である。

スケッチ

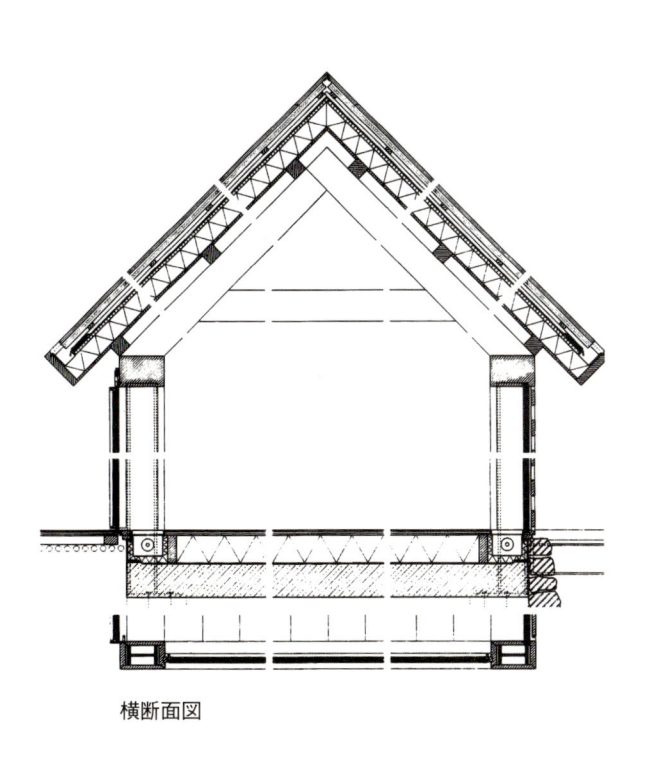

横断面図

35

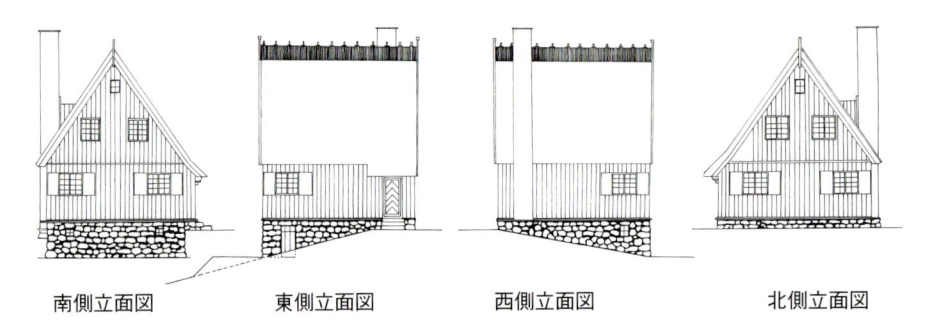

南側立面図　東側立面図　西側立面図　北側立面図

1904年に建てられたこの建物の外部は、花崗岩の石組み基礎、木構造、かやぶき屋根など、伝統的なオランダ様式の規範に則り忠実に修復された。

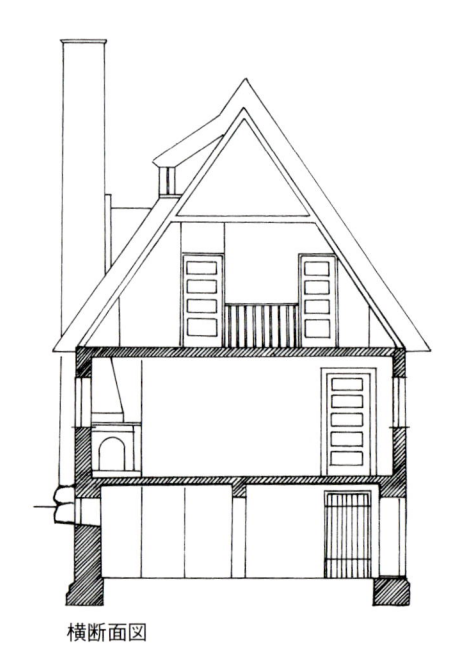

Ove Rix、オーフスの家(オーフス、デンマーク)

横断面図

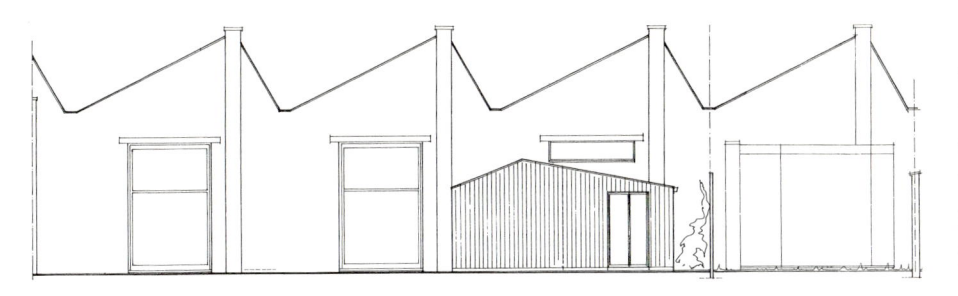

以前の屋根は、犬歯状に突出した格子構造が、在来工法の屋根を支持する形で構成されていた。改築は、各屋根の北側の面をガラス葺きにすることを中心に進められた。元は古い缶詰工場だった建物は、壮観なガラス天井に覆われ、室内は天井からの光で満たされている。

正面立面図

ノン・キッチ・グループBVBA、アーキテクチャー&ライフスタイル（コクセイド、ベルギー）

のこぎり屋根の斜面が、住宅内部に豊かな自然光を供給している。それは太陽光の放射を捕獲し、同時に直接輻射熱から内部を防護する。堅牢な排水設備が建物の耐久性を保証している。

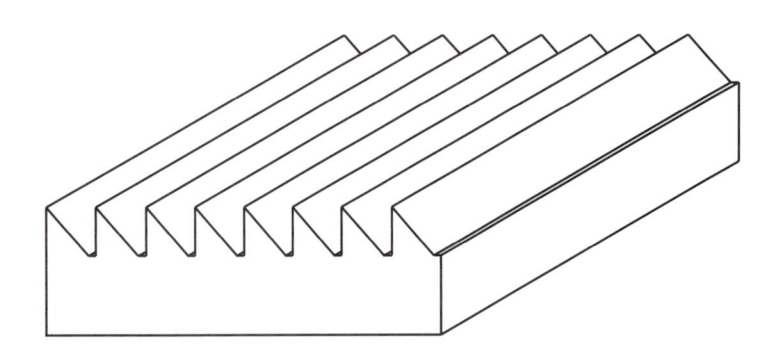

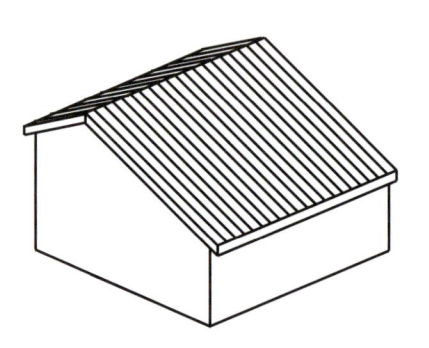

ベーリングシンドラー・フライエ・アーキテクテンBDA、アルブルックの家（アルブルック、ドイツ）

立面図

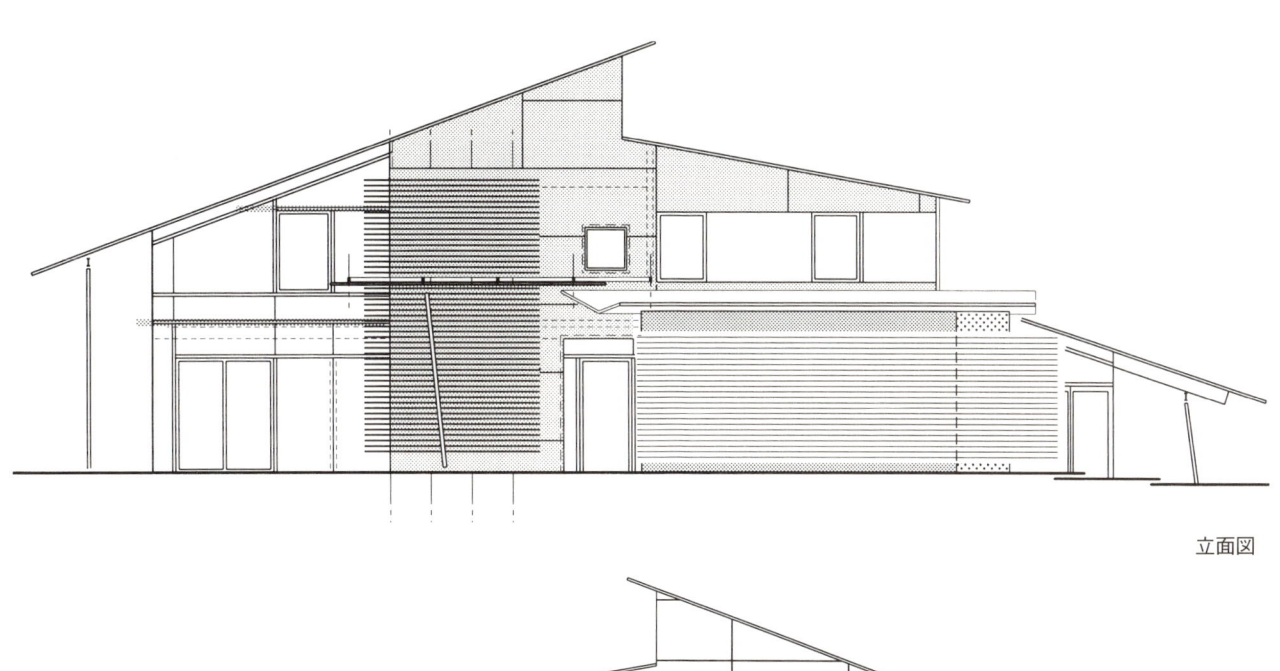

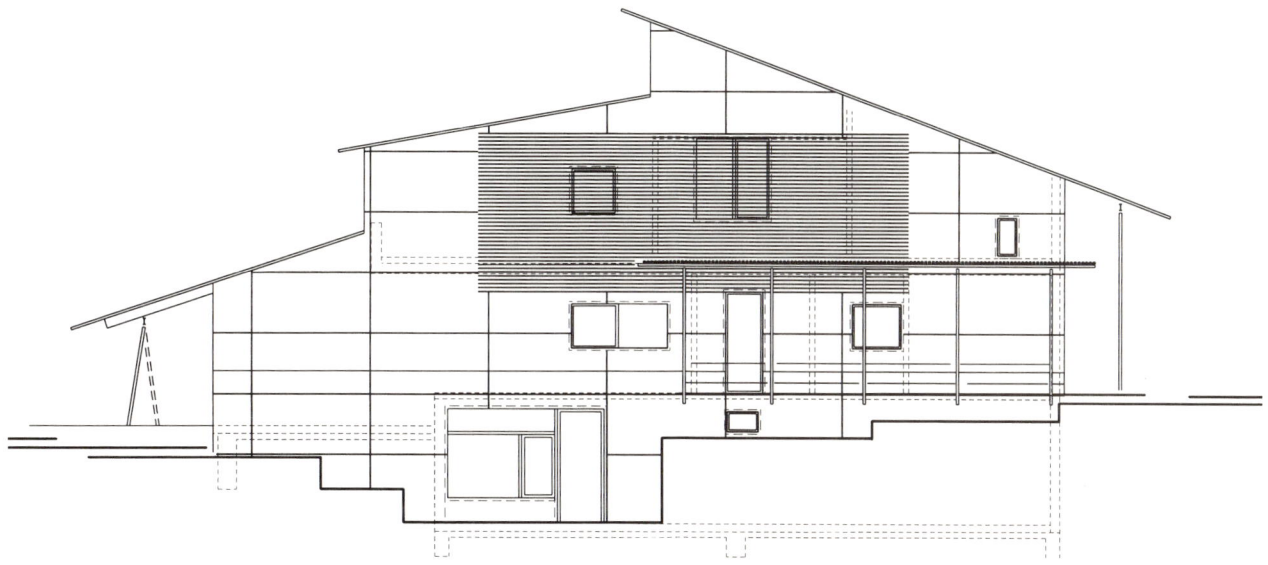

寄棟屋根

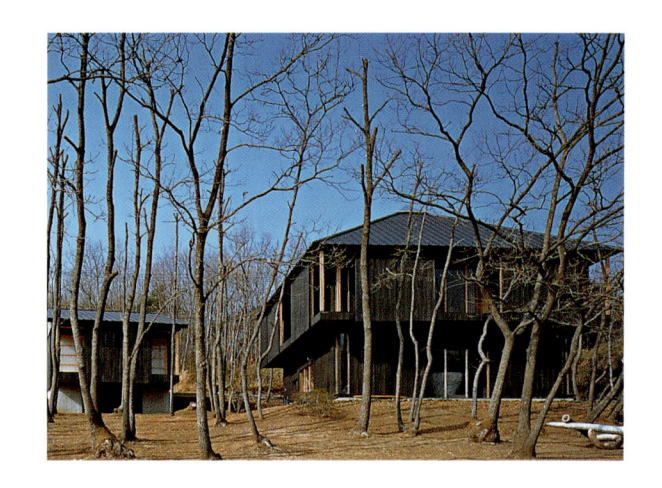

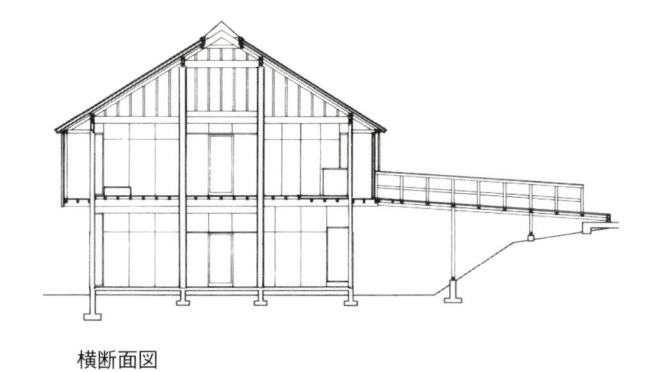

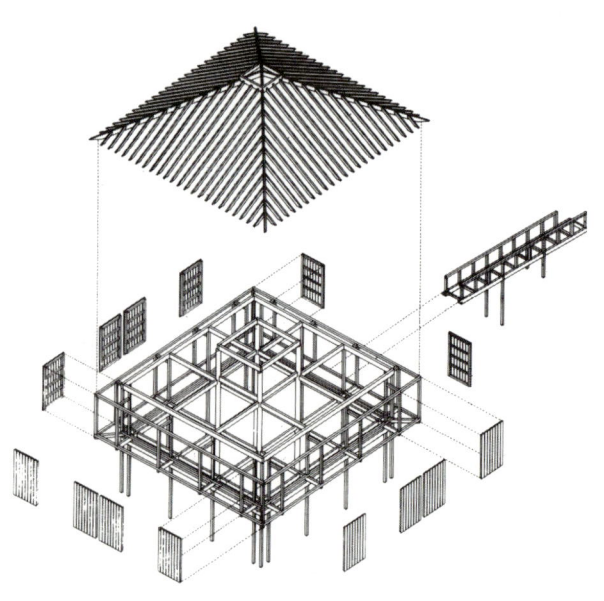

横断面図

分解組み立て図

内藤廣、筑波黒の家(つくば市)

40

木質ボックス梁を用いた屋根。屋根のすべてのエレメントはプレハブ方式になっており、現場で標準組み立て方式によって造られた。

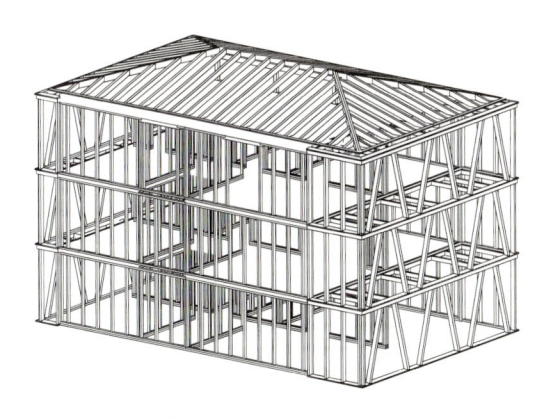

アクソノメトリック図

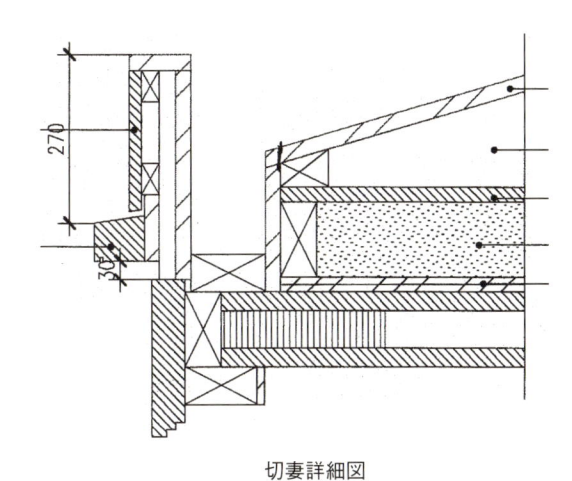

切妻詳細図

ベアルス＆デプラザス、ヒンズブルンナー邸（シャランス、スイス）

質感と環境との適応から、かやぶき屋根が選択された。

ケリー・ヒル、"The Serai"(バリ、インドネシア)

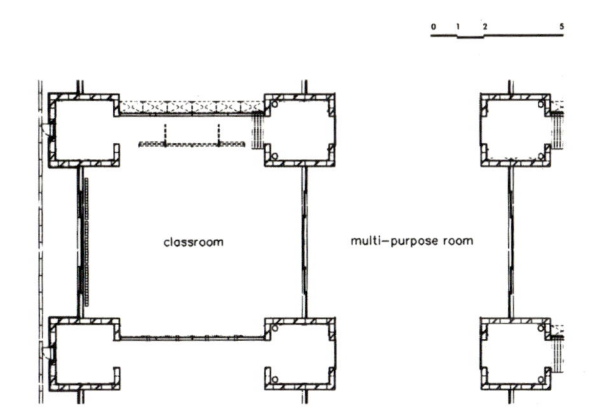

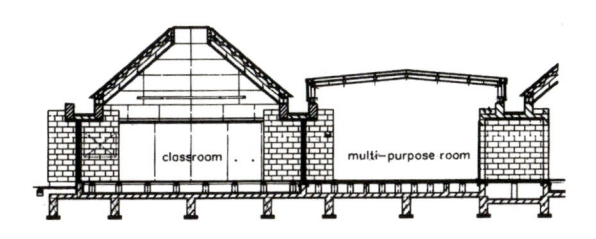

床平面図および断面図

北山恒＆芦原太郎、白石第二小学校（白石、宮城）

多面体屋根

青木淳、i (東京)

最初屋根は中空に持ち上げられているはずであったが、最後には展開されパイプトラスに支持された三角形の連続屋根に変容した。

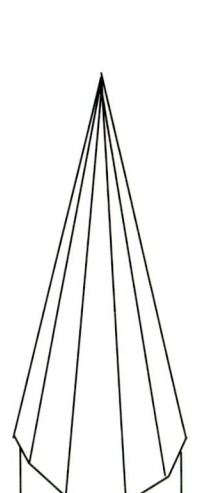

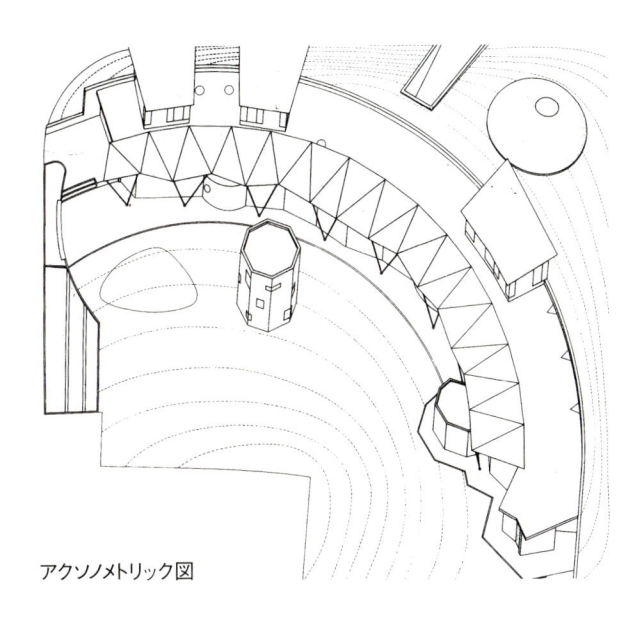

アクソノメトリック図

伊藤豊雄、エッケンハイム幼稚園（フランクフルト、ドイツ）

新棟は鉄骨構造の上を伝統的な木とビチュメン(アスファルト)の屋根で覆うこととし、葺き材にはウェスタンレッドシーダーの厚板が用いられた。さまざまな勾配を持つ新しい屋根の各所に無作為的に多くの小窓と天窓がうがたれ、室内に独特な光の効果を演出している。

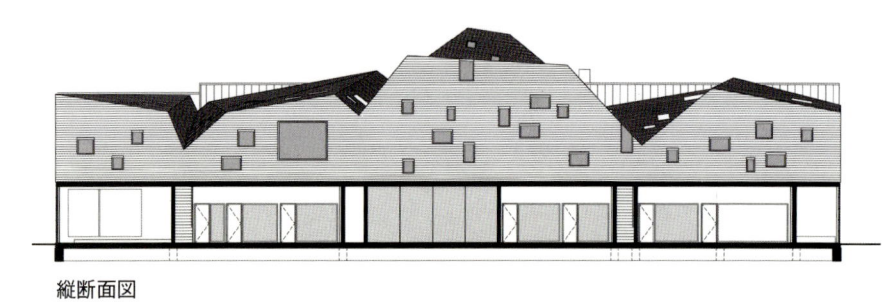

縦断面図

ディ・アーキテクテングループ(ビヤルヌ・マステンブルック)、文化教育センター増改築(デン・ヘルダー、オランダ)

屋根平面図

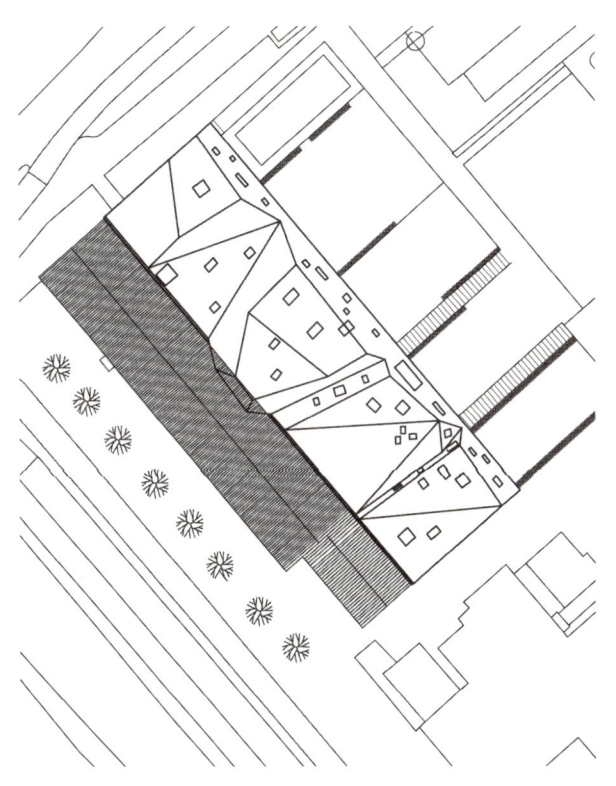

47

曲面屋根

曲面屋根

　名前が示すとおり、曲面屋根はある曲がりで定義できる1枚のシートによって構成される屋根を指す。

　かまぼこ屋根の場合、曲がりは1方向のみで、他の方向は直線である。複曲面の場合、主要な断面の2方向ともに曲線となっており、ドームが形成される。反対方向の複曲面の場合、屋根の形状は鞍型となる。これは、一面の双曲線面の形状を有する場合と、双曲放物面の形状を有する場合がある。

　曲面屋根の材料としては、通常金属葺き材が用いられる。というのは金属葺き材は成形が容易で、現場で形を付与することができるからである。もちろん他の材料も用いられる。

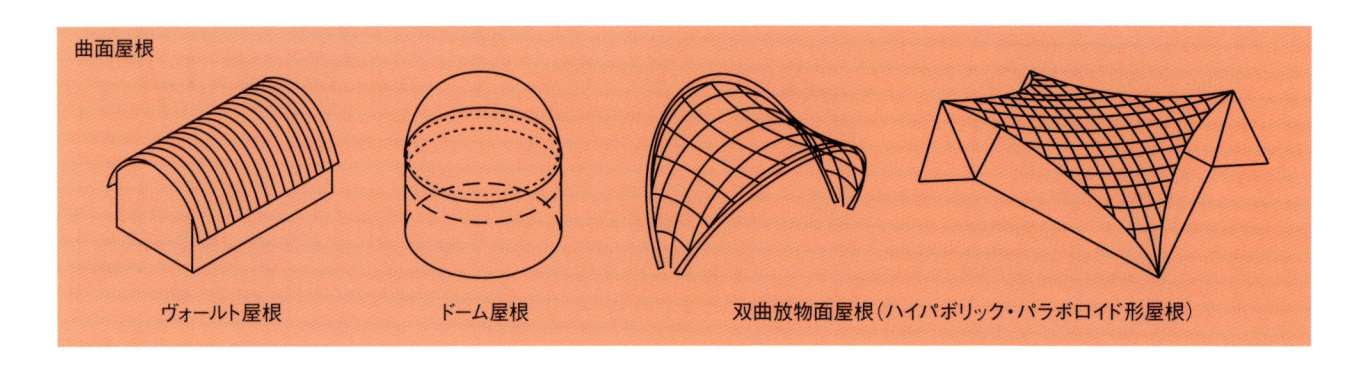

曲面屋根

ヴォールト屋根　　ドーム屋根　　双曲放物面屋根（ハイパボリック・パラボロイド形屋根）

ミヒャエル・シスコヴィッツ＆カルラ・コバルスキー、サイコセラピストのオフィス件自宅（バートメルゲントハイム、ドイツ）

ハーガ＆グローブ、ノルディック・アーティストセンター（ダルサセン、ノルウェー）

新しく建てられた建物は、鋼製下地の上に熱絶縁材を張り、その上にアルミニウム葺き材を張った超軽量ヴォールト屋根である。軒樋、縦樋、煙突はすべてステンレス製。

アントニオ・ベッソーマルシェ、集合住宅（トリノ、イタリア）

ヴォールト構造は、直径25mの数本の主アーチによって支えられた単一径の鋼管による直交格子シェルが外側から屋根葺き材を支持する形で組み立てられている。外皮は、格子シェルの下0.5mの位置に支持されたPPG-CI社製の低鉄高透過ガラス(スターファイアー)1.5m×3.125mによって構成されている。低い位置には、目立たないように換気口と非常口が、そして高い位置にはバタフライ型の換気─排煙開口部が設けられている。夏にはこれらの開口部によって温度調節が図られ、特に暑い日には、ヴォールトの最頂部から脱イオン水がガラス面全体に散水される。

イアン・リッチー、ライプチッヒ・ガラスホール(ライプチッヒ、ドイツ)

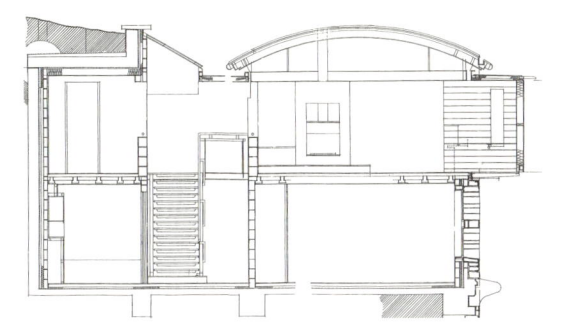

横断面図

スタン・ボルト、オサリバン邸（デボン、イギリス）

53

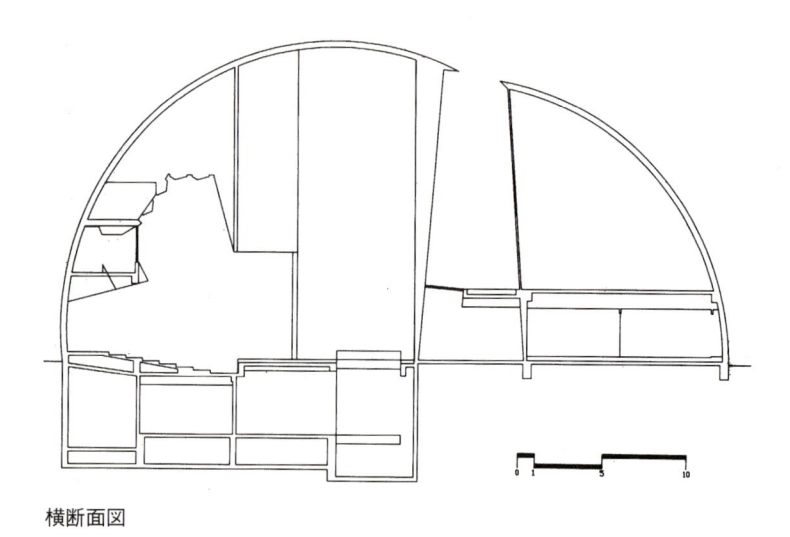

横断面図

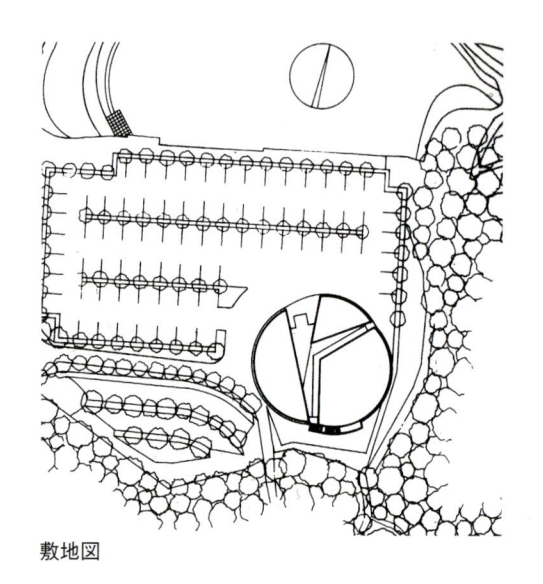

敷地図

黒川紀章建築都市設計事務所、吉備ドーム（和歌山県）

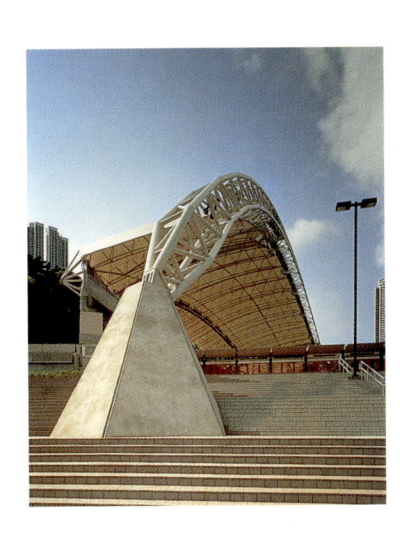

Hellmuth、Obata & Kassabaum（HOK社）、香港スタジアム（ビクトリア、香港）

陸屋根

　勾配屋根が大気中の作用因子に対して防護を提供するものとして創造されたとするならば、陸屋根は非常に乾燥した地帯において自然な換気作用を生み出し、雨水を貯留するという利点を活かしながら、日光に対する防護を提供するものとして創造された。勾配屋根は建物の設計において容積的な役割を果たすが、陸屋根は単にもう1つの平面をなすに過ぎない。それは水平であるため、テラス、庭、プール等として利用することができる。

　陸屋根に分類される屋根は、雨水を除去するかわりに、それを溜め、排水管へと導き、排出する。そのためこのタイプの屋根では、雨水の内部的経路と排出地点を確立しておくことが不可欠である。

　勾配が2〜5%の屋根が陸屋根として分類され、5〜15%のものは低勾配屋根、15%以上が勾配屋根となる。

　最も単純な形の陸屋根は、勾配が1つだけのものである。何区画かに分割する場合は、各区画ごとに排出管を設置する必要がある。区画数が少なければ少ないほど排出管の数が少なくてすみ、建設費が少なくてすむ。

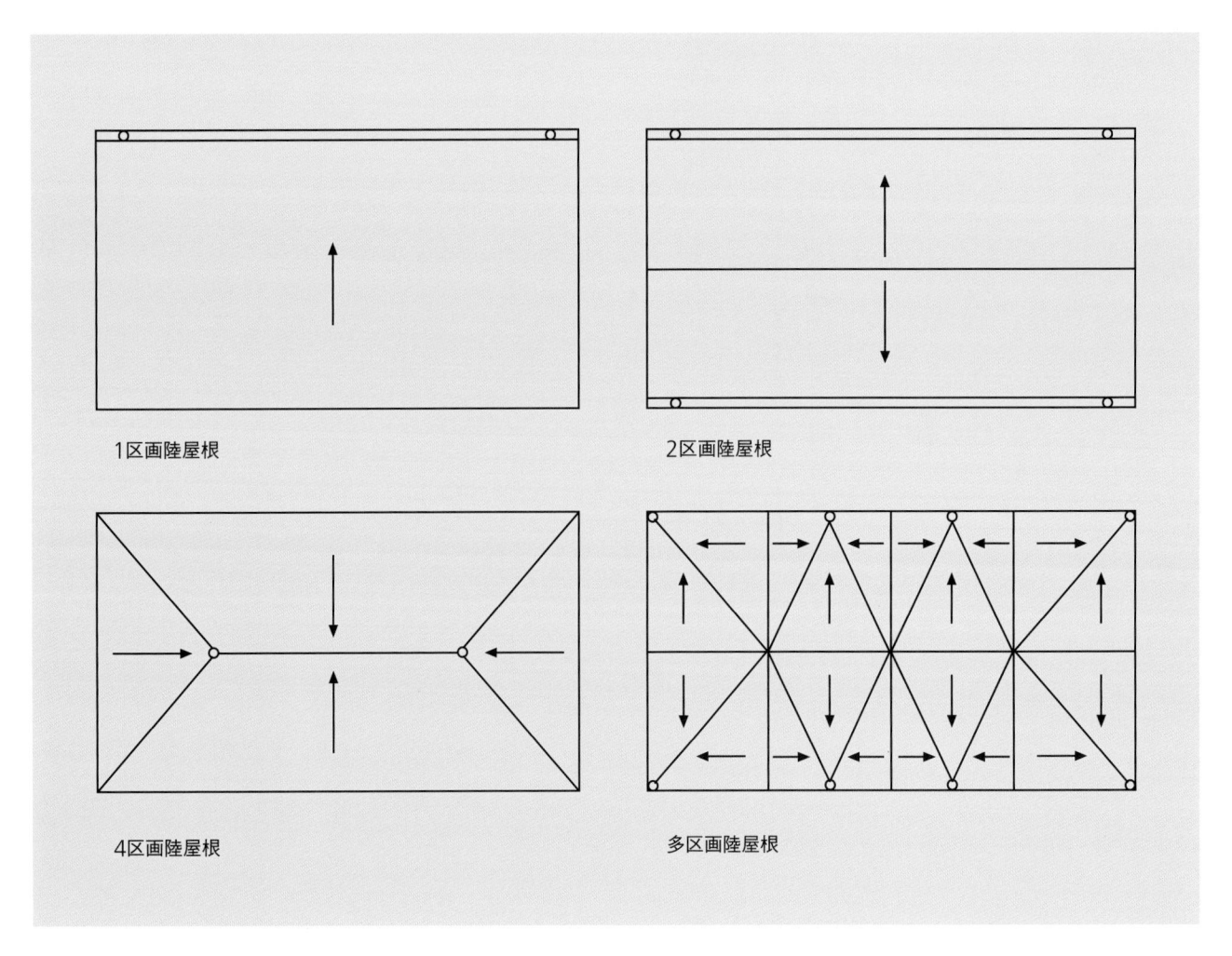

1区画陸屋根

2区画陸屋根

4区画陸屋根

多区画陸屋根

陸屋根においては、各層の配置、連続性、構法が非常に重要であり、それぞれの層ごとに果たすべき役割が規定されている。陸屋根は以下の構成要素からなる。構造躯体、防水下地、調整材、防水層、断熱材、保護層。

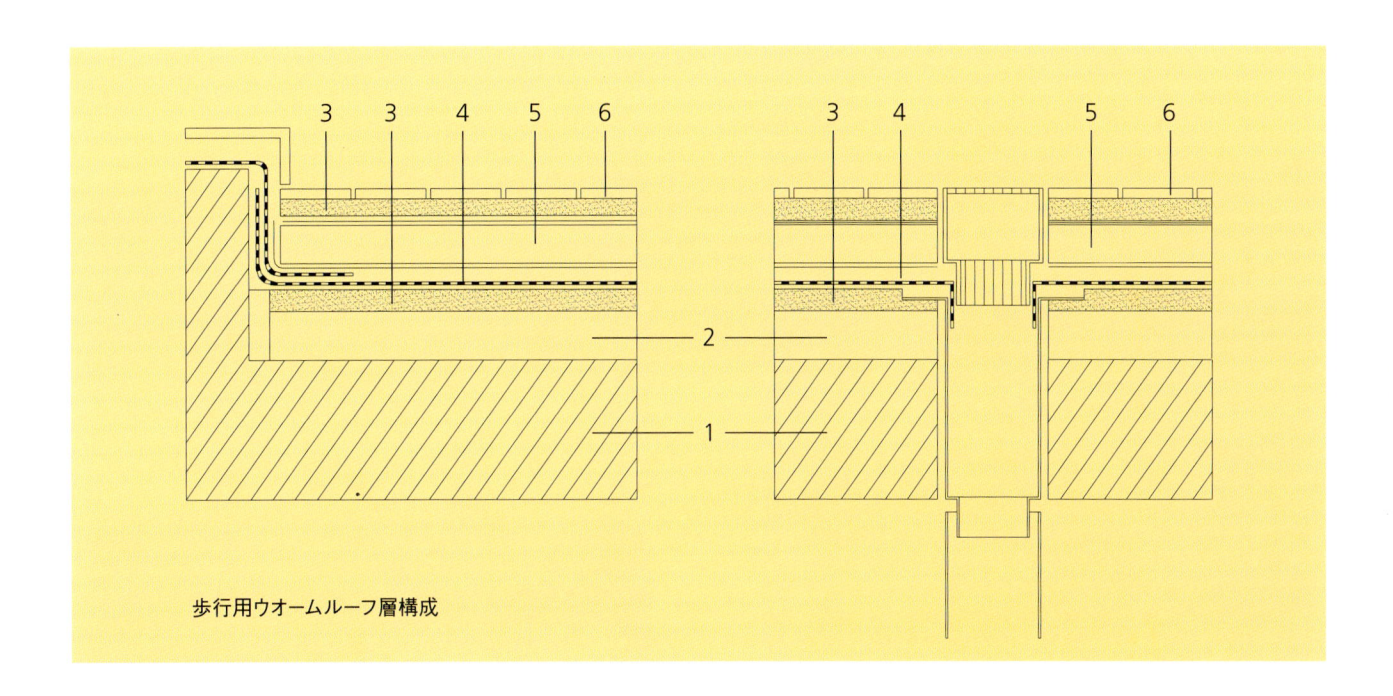

歩行用ウオームルーフ層構成

1. 構造躯体：陸屋根は最上階の床スラブの上に位置する。それは自重および積載荷重に対する力学的必要およびメンテナンスの要件を基礎に計算されなければならない。
2. 防水下地：この層が屋根を成形し、勾配をつけ、防水層の下地となる。勾配面と壁とが会して一線をなす角は防水層の損傷が起きやすい部位であり、防水層のなじみをよくするために面ごしらえをする必要がある。防水下地は以下の要件を満たすものでなければならない。
- 20〜300mmの厚さを持つ。
- 15mごとに、また突起エレメントのある場所では必ず、伸縮目地を設けること。
- 躯体との間に構造的接合を維持すべきこと。
- 最小勾配角度は1%とする。

防水下地としての要件を満たす材料としては、気泡コンクリート、エクスパンディッドクレイ、軽量骨材（フォームポリスチレン）モルタル、断熱パネルなどがある。

3. 調整材：基本的なエレメントの間に挿入されるこの層は、耐久性を維持し、システムの効率を高める機能を果たす。果たすべき機能に応じて以下の数種がある。ポリエチレンフィルム、ファイバーグラスフェルト、ジオテキスタイルフェルト、酸化アスファルトシート、アルミニウムフィルム。
4. 防水層：雨水が屋根から浸入し建物内部に到達するのを防ぐ層。防水の種類には、ロール状になった改質アスファルトシートまたは合成樹脂シートを重ね合わせ、継ぎ目を熱や溶剤によって融着する方法と、液体状の防水塗膜を現場でスプレー塗りまたはローラー塗りし、密実で弾性があり、防水性のある塗膜を形成する方法とがある。
5. 断熱層：屋根の熱負荷を軽減し、モルタルに割れ目が生じるのを防ぐ。断熱パネルの素材には、ポリウレタン、押し出しポリスチレン、気泡グラス、ロックウール、グラスウール、コルク、ウッドファイバーなどがある。
6. 保護層：断熱層や防水層を太陽輻射から防護する機能を果たす。また風による吸引力からも防護する。砂利敷き押えは適度な重さを持つ保護層になり、単一の素材で上の両機能を果たす。保護層の素材としては、砂利、タイルなどがある。

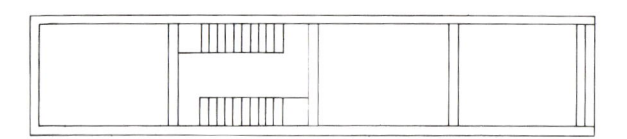

屋上平面図

安藤忠雄、日本橋の家（大阪市）

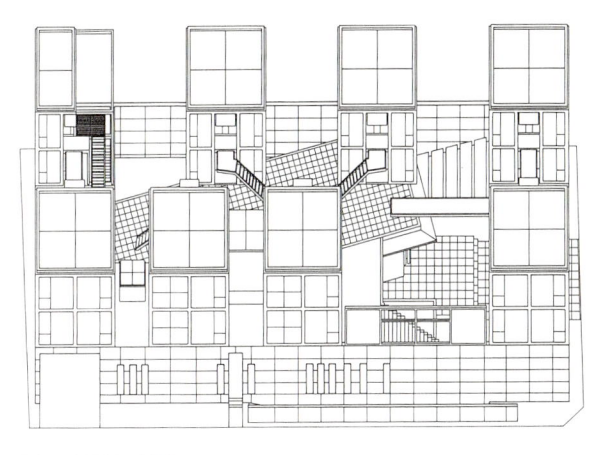

アクソノメトリック図

屋上平面図

秋元敏雄、ヤクルト独身寮（東京）

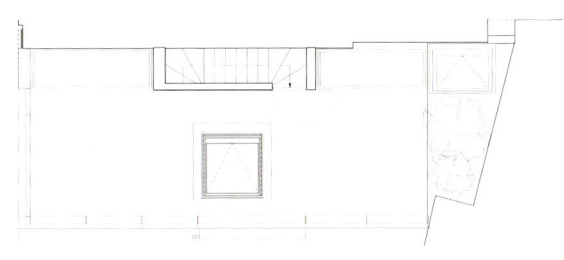

シンキングスペースアーキテクト、クラブロウの家（ロンドン）

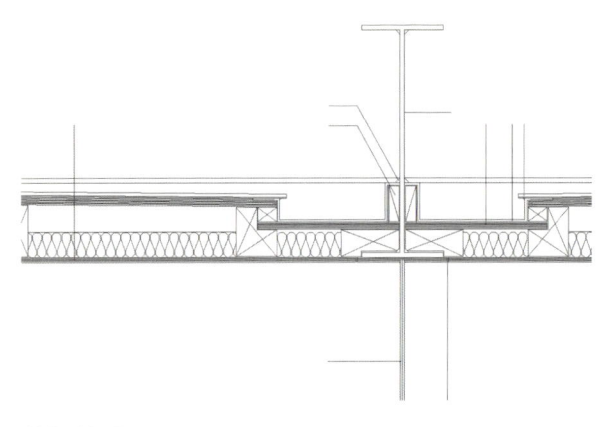

構造詳細図

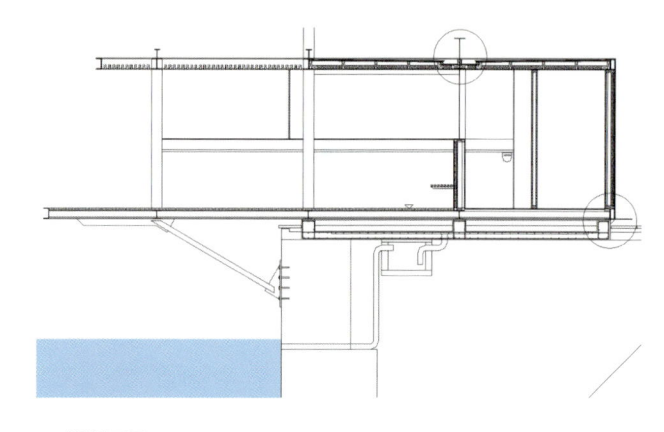

横断面図

ハビエル・ガルシア—ソレラ・ヴェラ、アリカンテ港桟橋公共施設(アリカンテ、スペイン)

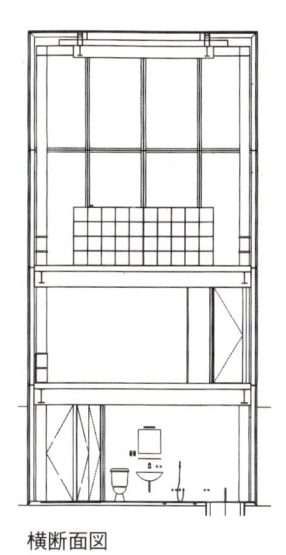

横断面図

小川晋一建築設計事務所、グラスハウス（広島市）

63

陸屋根のところどころに、対照的な大きさの楕円の穴が開けられている。屋根は100mmのフランジを持つH形鋼の大梁と鋼製折板によって構成されている。全体の構造は浅い小梁の連続として処理されているので、大梁は横方向のみ必要となっている。またそれは鋼製折板の継ぎ目に隠されているため、屋根の平滑性と軽量さが強調されている。

伊藤豊雄、八代市立保寿寮（熊本県八代市）

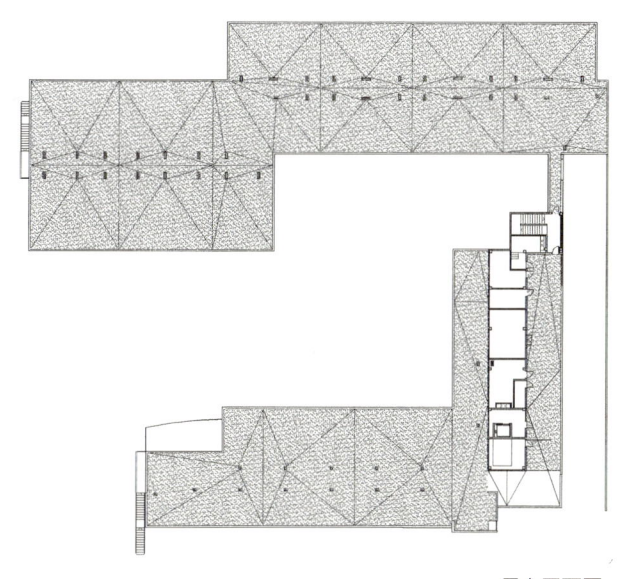

屋上平面図

ホアン・ルイス・カサファナ、Novallar de Cunit（タラゴナ、スペイン）

歩行屋根

　建築家はいつも屋根を他の用途に利用することを望んできた。しかしそこに問題があることに気づく。すなわち、陸屋根であっても傾斜はある。こうして完璧に水平な歩行屋根を創造する解が導き出された。

　断熱スラブを持つインバーテッドルーフシステム（外断熱工法）が、歩行エリアを確保するのに適している。各断熱スラブはモルタル層によって防護され、舗装される。この場合断熱材の厚さを十分に取ることが肝要である。断熱スラブを張るときは、膨張に対応でき、排水が可能となるように完全に突き合わせず、目地を設けるようにする。60×60cmのスラブを1人の作業員で張るのは困難であるが、できるだけ大きいスラブを使用することが肝要である。重歩行用陸屋根は、プレハブコンクリート、本石タイル、コンクリートパネル、磁器タイル、アスファルトなどのスラブによって造られる。これらは敷砂または敷モルタルの上に置く。

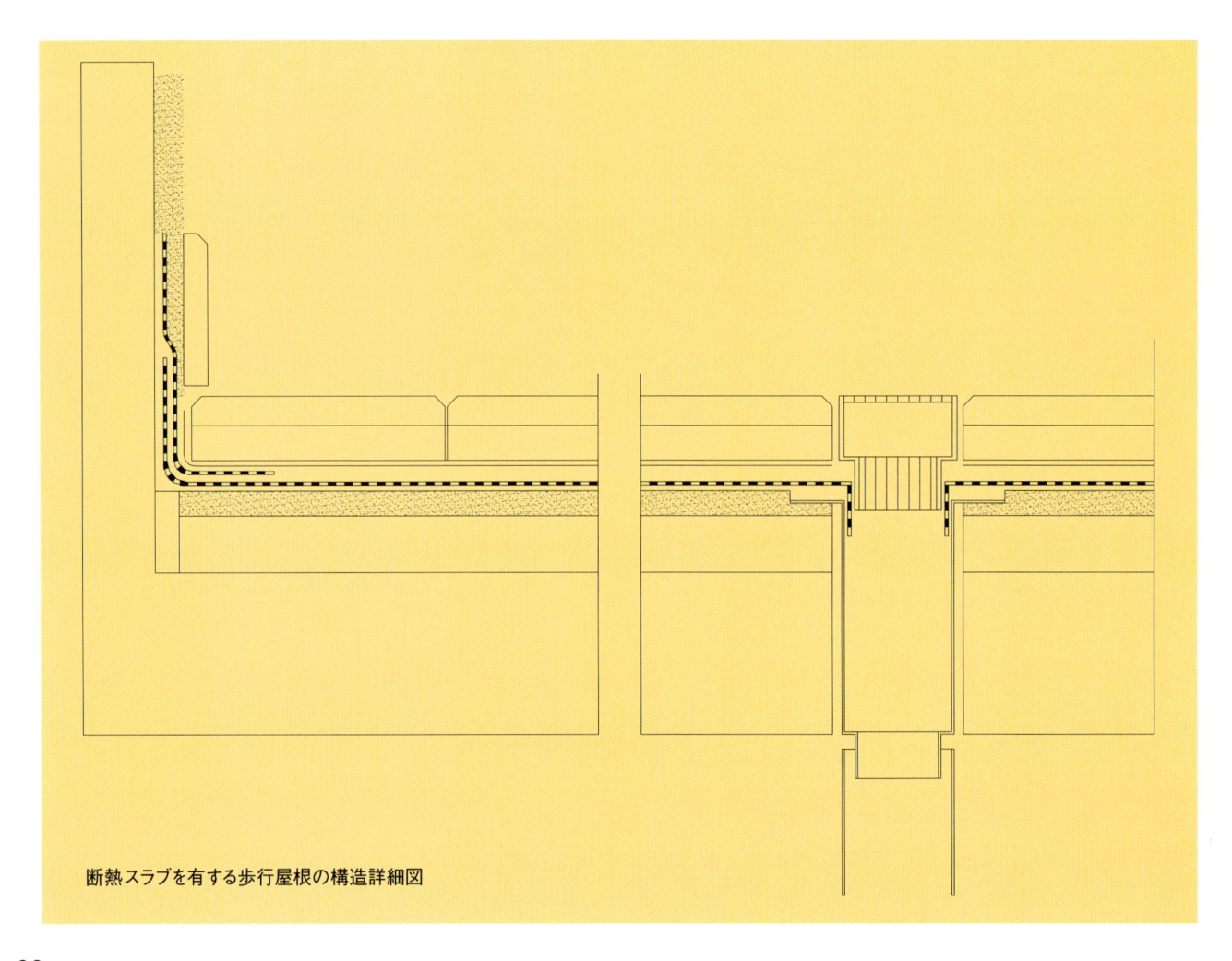

断熱スラブを有する歩行屋根の構造詳細図

フローティングシステムを用いたインバーテッドルーフシステムは、排水と膨張のための目地のある水平な歩行面を有している。タイルはポッドの上に張りつけられ、その下に防水と水の蒸発を可能とする通気空間が形成されている。タイルの支えを調節することによって水平な歩行面が形成される。ポッドの下部は、それが載っている防水層および断熱層に過荷重とならないように十分大きな接触面積を有していなければならない。支えは通常、はめ込み式のコンクリート盤が使われるが、タイルを置く十字型の上面を持つ調節式サーモプラスチックのポッドが使われる場合もある。浮いた状態のタイルは割れやすくなっており、耐荷重は低い。そのためコンクリートやテラゾーのタイルは、強化ワイヤーで補強されている。

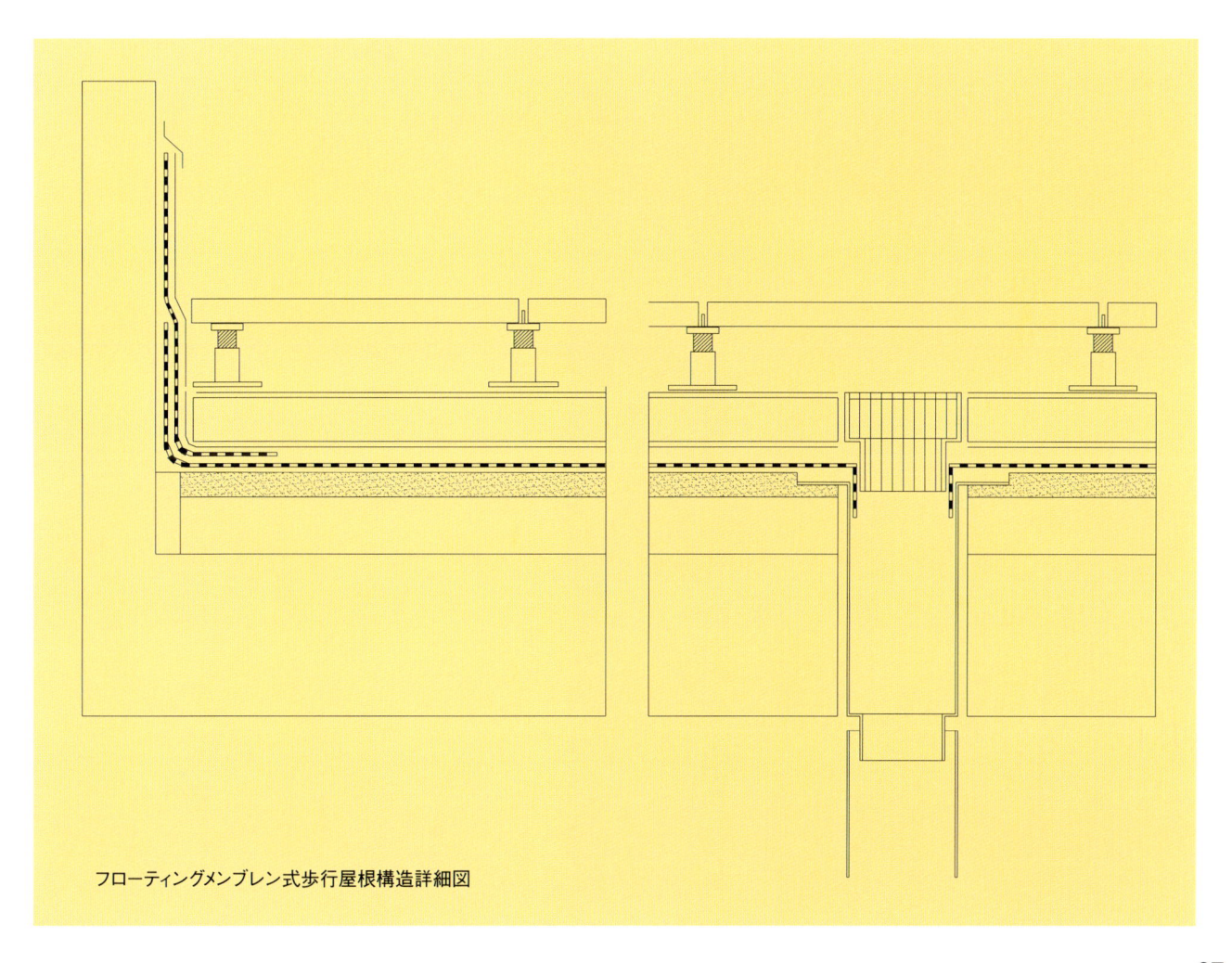

フローティングメンブレン式歩行屋根構造詳細図

メインルームのボリュームには両側に開口部があり、ジャトバ材の縁甲板が張られた50㎡の屋上テラスに出る。そこからは眼下に美しい都市の景観が眺望できる。

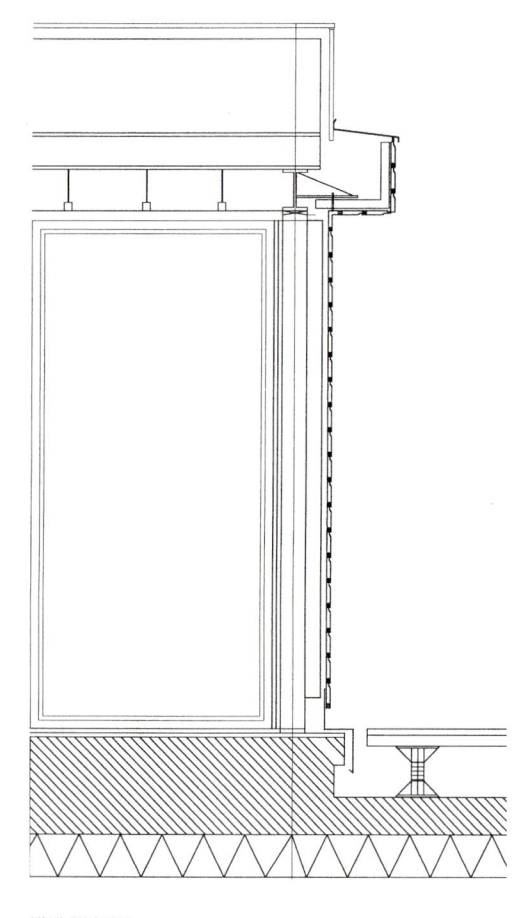

構造詳細図

アルノー・グージョン、ペントハウス（パリ、フランス）

レネ・ドッテロン&ジャン・フィリッペ・バルガーデ、フランソワ・ケネー中央病院（マントラジョリー、フランス）

69

ラモン・エステーヴ、サメナの家（イビサ、スペイン）

プール、テラスなどの外部空間はそれ自身のアイデンティティーを有しており、風景の色彩の変化を強調する。

東側立面図 西側立面図

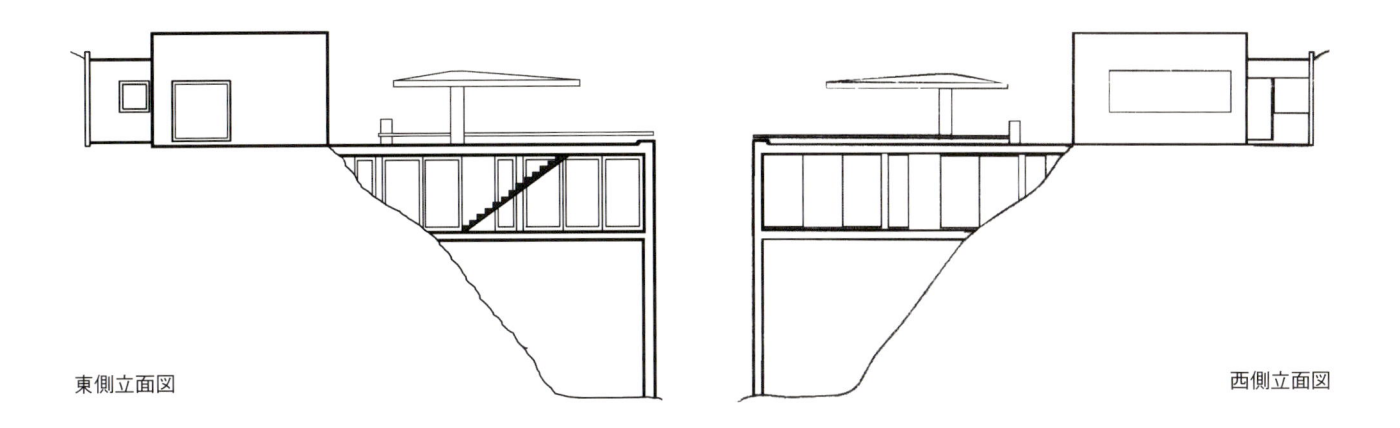

アン・マリー・サムナー、自宅（サンパウロ、ブラジル）

71

砂利押え屋根

砂利押えインバーテッドルーフは典型的な歩行屋根であり、メンテナンスは専門の業者によってのみ可能である。砂利は天然の清潔なものを使用し、ルーフドレンに落下しない大きさで、あまり大きすぎず、扱いが容易で敷きやすいものが良い。砂利の量は風の吸引力に応じて計算する。屋根周縁部は風の吸引力が大きくなるため砂利の量を多くする必要があり、少なくとも15cmの厚さで敷く必要がある。屋根が周辺の樹木よりも低い位置にある場合は、砂利の上に植生が広がるのを防ぐため、防根膜を塗膜しておくべきである。

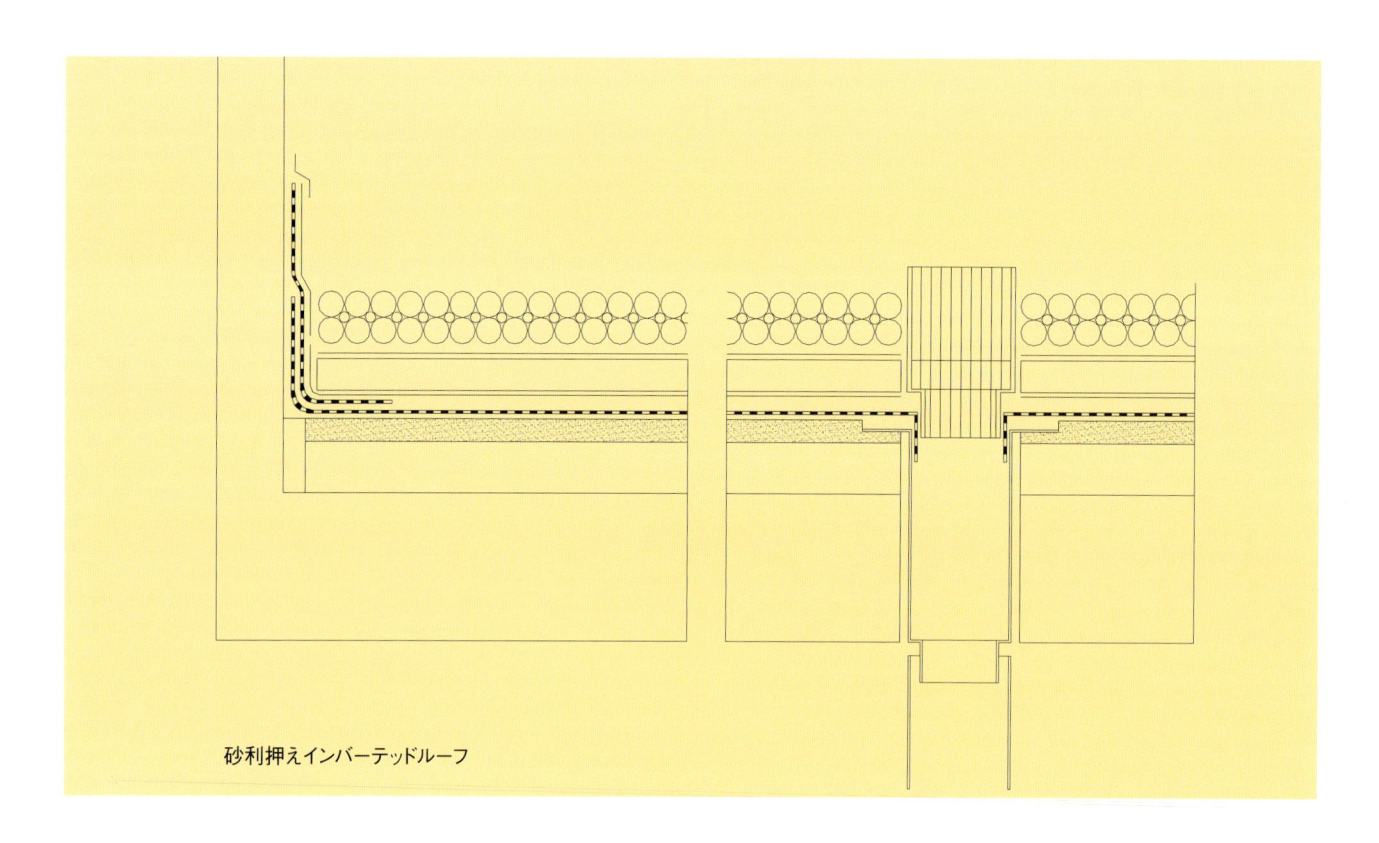

砂利押えインバーテッドルーフ

防水下地：防水の要件を満たすコンクリートまたは軽量骨材モルタル
勾配：1〜5%
調整材：換気口に連結されたセメントモルタル防湿層
防水層：改質アスファルトシートまたは合成樹脂シート
調整材：塩化ビニル樹脂の防水膜を使用する場合はジオテキスタイルフェルトを用いる。

断熱材：端部がさねはぎ継ぎになっており、下面に溝が入っている硬質の押し出しポリスチレンパネル
調整材：多孔質ジオテキスタイルフェルト
保護層：16〜32mm径の砂利を50mm以上の厚さで敷く
構造接合部：建物の接合部に同じ
屋根接合部：改質アスファルトシート15mごと
保護層接合部：接合不要

屋根平面図

ズビ・ヘッカー、ユダヤ人小学校（ベルリン、ドイツ）

73

屋根は生活と抽象を結合させた風景を提案している。ボリュームが屋根の上に立ち上がることによって、建物の外観に地方にふさわしい小さな印象が与えられている。屋根はこのプロジェクトのコンセプトにおいて重要な空間である。屋根に設けられた開口部は建物内部に自然光をもたらすと同時に、島の中の島といった抽象的な風景を創造している。

ホセ・ルイ・マテオ、ボルネオ諸島の集合住宅（アムステルダム、オランダ）

75

エルンスト・ベネダー、ハフ邸(ビンデンマルクト、オーストリア)

コーエン・ヴァン・シンゲル、ペンション(クリシャウテム、ベルギー)

76

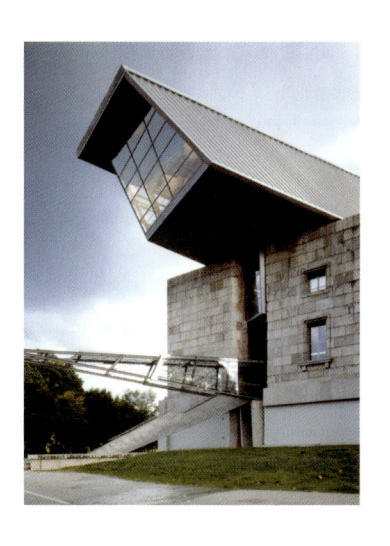

ギュンター・ドメニク、ナチス党大会会場資料館（ニュールンベルク、ドイツ）

アーヒテクテングループ、下水処理場内の集合住宅（アムステルダム、オランダ）

77

緑化屋根

　緑化屋根は屋上庭園とも呼ばれる。緑化屋根の長所としては、都市気候の改善、空気清浄化、景観向上などがあげられる。一定量の水を留めておくことができる排水層が開発されたことによって、さまざまな植物が容易に栽培できるようになった。土壌の水分保持と湿潤な状態を長期間持続させるため、土壌には通常、多孔質添加物が加えられる。過剰な水分は排水層または芝草表面を通って樋へと導かれる。屋根構造躯体に割れ目が生じるのを防ぐため、防水シートは外側の皿として延長し、屋根周縁部および屋根に位置する全ての壁に対して少なくとも15cm以上立ち上げるように張ることが望ましい。また、植栽に必要な土壌の量、灌漑水の排水経路、防水層の種類には特に注意が必要である。盛り土の厚さは、植える植物の大きさに応じて決める。土壌厚が30cmを超える場合は、断熱材は不要である。土壌厚は、樹木を植える場合は50～100cm、小低木の場合は20～50cm、そして芝草やつる性植物の場合は20～30cm必要である。維持管理、剪定など、継続的に必要となる園芸作業においては、排水層、防水層に損傷を与えないように特別注意を払うことが肝要である。

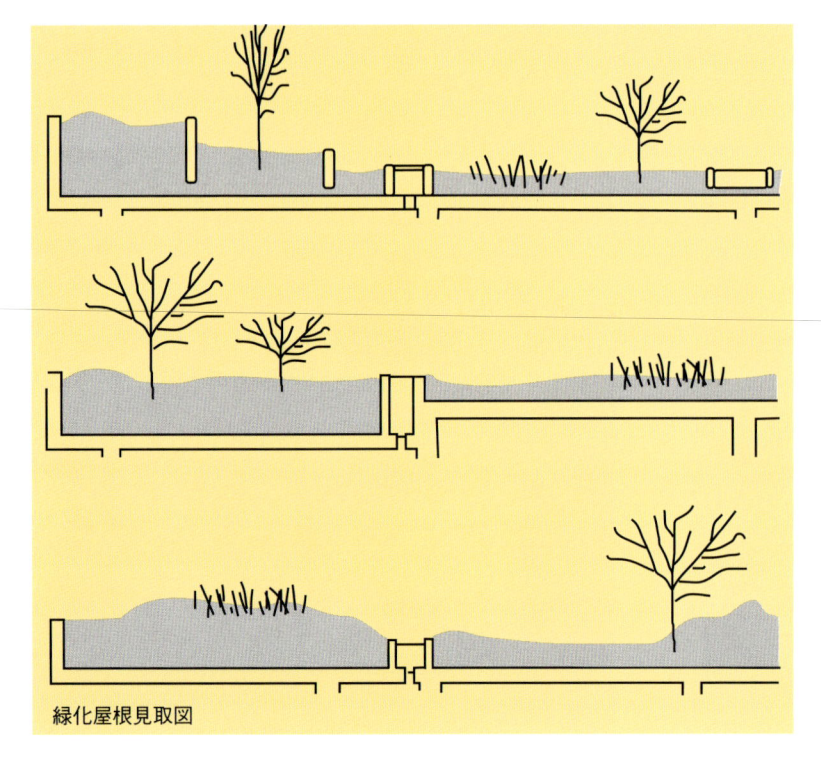

緑化屋根見取図

緑化屋根構造詳細図

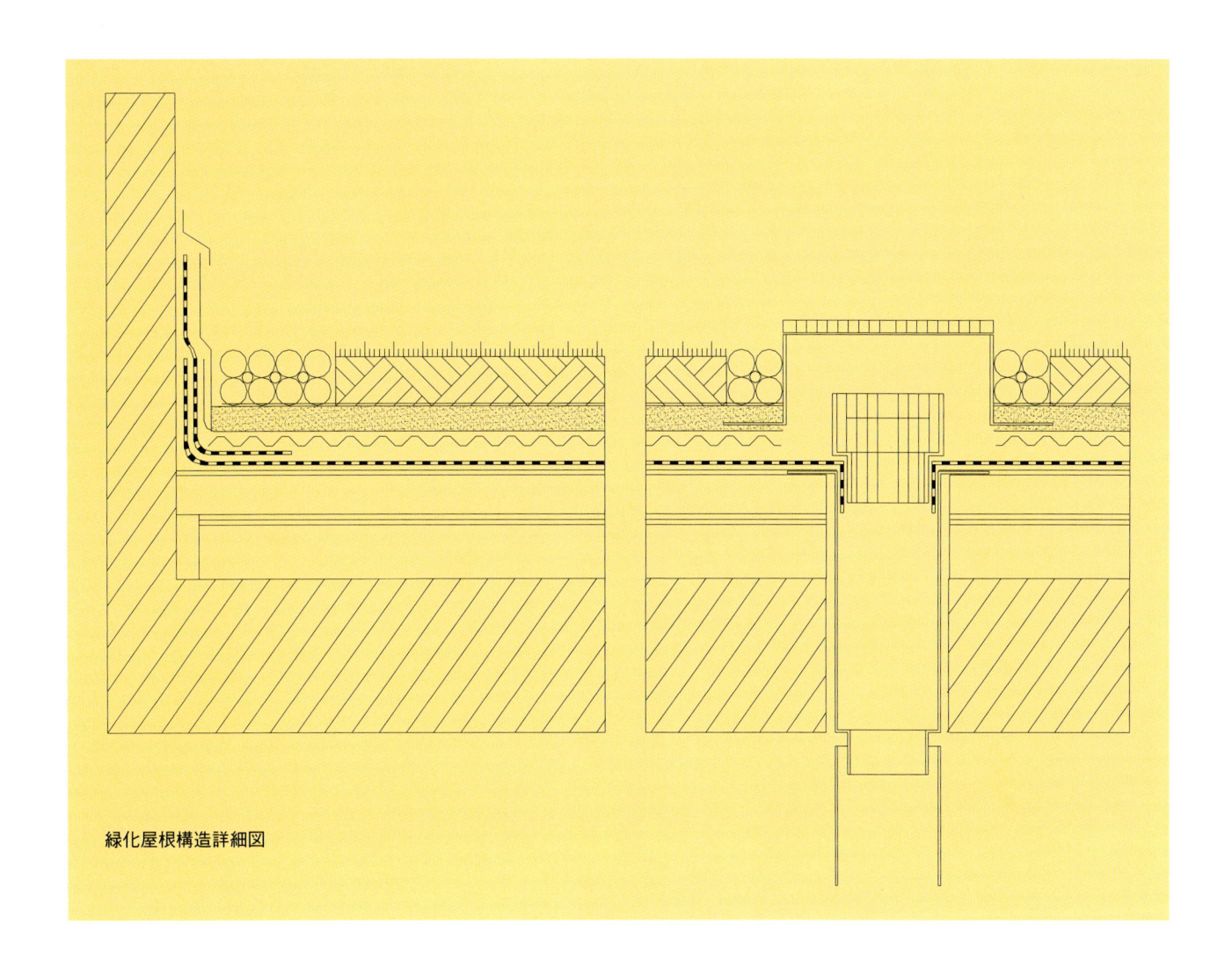

防水下地：防水の要件を満たすコンクリートまたは軽量骨材モルタル
勾配：0〜3%
調整材：断熱材の下にある換気口に連結されたセメントモルタル防湿層を伴なう排水層
断熱材：必要な場合は防水層の下に敷く
防水層：防根仕様の改質アスファルトシートまたは合成樹脂シート

調整材：波型ポリエチレンシート
調整材：多孔質ジオテキスタイルフェルト
保護層：3cm厚の砂
保護層：植物の種類に応じて、10〜90cmの土壌
構造接合部：建物の接合部に同じ
屋根接合部：改質アスファルトシート15mごと
保護層接合部：接合不要
ドレン：詰まり等点検ボックスによりカバー

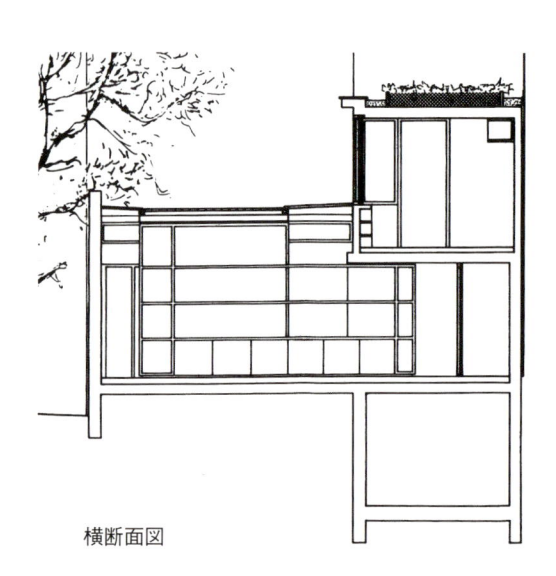

アラン・レヴィット、パリの家（パリ、フランス）

横断面図

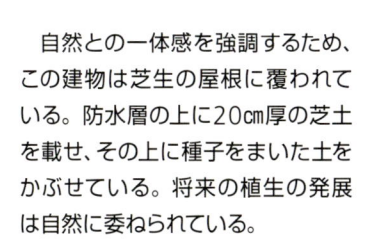

自然との一体感を強調するため、この建物は芝生の屋根に覆われている。防水層の上に20cm厚の芝土を載せ、その上に種子をまいた土をかぶせている。将来の植生の発展は自然に委ねられている。

〈ヘリン&シートネン、実験的家（ブーロース、スウェーデン）〉

台形屋根の1方の角は低くなっており、そこから雨水が排水される。屋根は植物に覆われ、煙突と化粧室を照らす天窓以外にはさえぎるもののない、なだらかな芝の平面が形づくられている。緑化屋根に必要とされる屋根の厚さや重量を極力減らすため、設計者は防火被膜と土壌の間にプラスチック製の網を敷いた。この網は、水を保持すると同時に、雨量の多いときはそれを排水する。この水分保持作用により、芝生への潅水は実際不要となり、土の量もかなり減らすことができた。

グレイ・オルガンスキ、テニスハウス（コネティカット、アメリカ）

構造断面図
1. 土壌
2. ジオテキスタイルフェルト
3. 砂利
4. グラスファイバー強化二重ゴム織布
5. 2％勾配排水層
6. 軽量スラブ
7. ゴム被膜
8. 鉄筋コンクリート
9. モルタル下塗り
10. トタンパラペット胸壁
11. アルミニウム
12. 2重ガラス

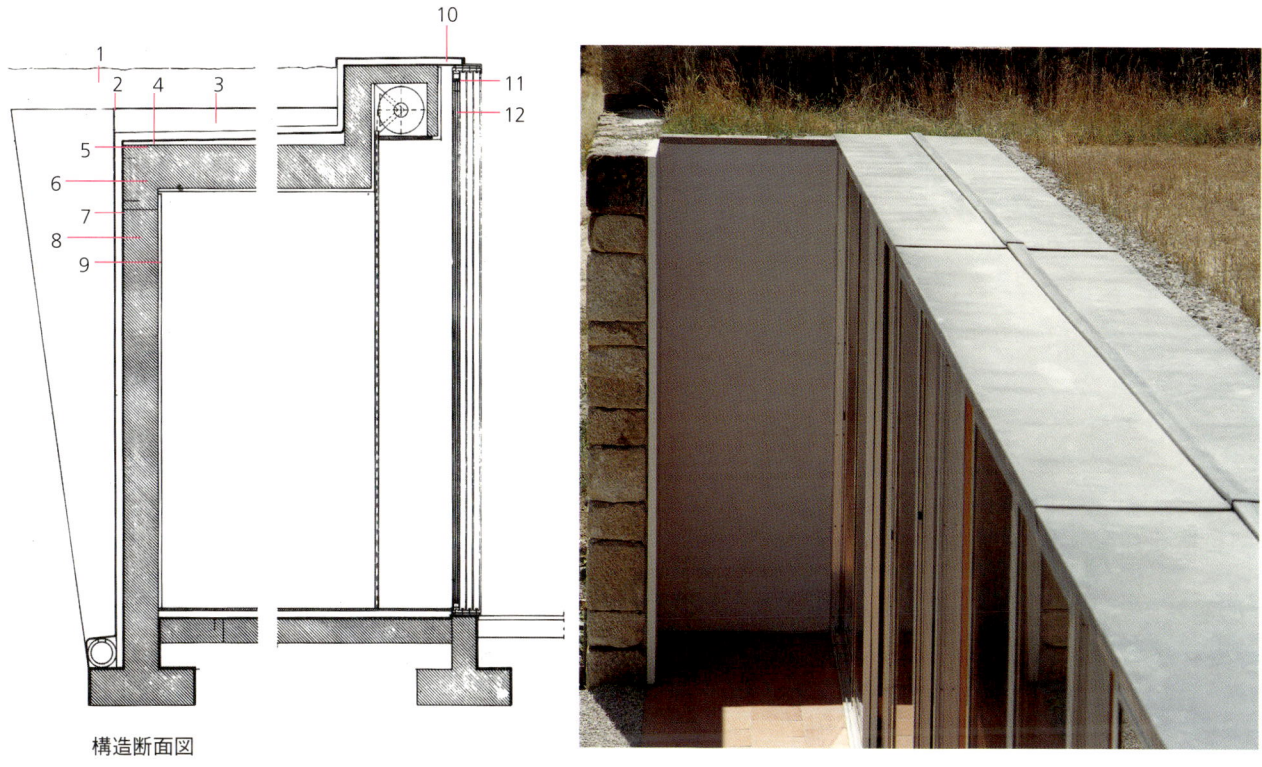

構造断面図

エドゥアルド・ソウト・デ・モウラ、バイアォンの家（バイアォン、ポルトガル）

正面立面図

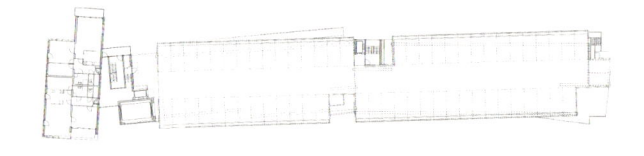

屋上駐車場平面図

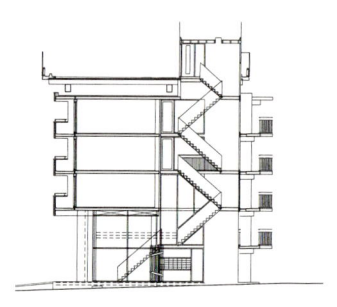

横断面図

ディック・ファン・ガメロン&ビヤルヌ・マステンブルック、屋上駐車場のある住居（ナイメーヘン、オランダ）

屋上は大駐車場となっており、建物全体のコーニス（軒蛇腹）となって、ファサードの構成を定義し統一している。

屋上平面図　　　　横断面図

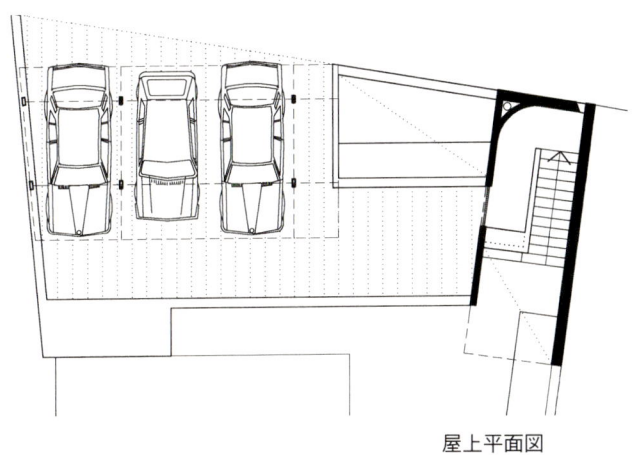

サンドラ・バークレー&ジャン・ピエール・クロウセ、B邸（カネテ、ペルー）

ルーフ・ファサード一体型システム

ルーフ・ファサード一体型システム

　屋根と壁の分化は単純な戦略である。この場合、両エレメントはそれぞれに与えられた任務を遂行するだけである。しかし屋根が建物全体を覆う外皮となり、屋根の終わりとファサードの始まりの間に境界がなくなっている場合がある。屋根はその要件を満たし、次にファサードとして振る舞う。それは一枚の表皮のように完全に建物を覆い、容器となり、外界と内部空間の間に新たな関係を打ち立てる。ルーフ・ファサード一体型システムと他の屋根との相違点は、それがそれ自身の内部に空間を囲い込むという点にある。それはその内部に内容を創り出し、外界との間に境界を印す。

　そこには外界と内部空間の間の自然な推移はない。内部空間の外界への延長もなければ、その反対もない。2つの空間はそれぞれ純粋に独立している。外皮はこうして1つの観念として提示され、建築技法の表現と建築家の詩が共に満足させられる。このような屋根には、可鍛性に優れ、望みどおりの形態が得られる金属板のような素材が用いられる。鉄筋コンクリートもまた、いかなる形態にも対応できる素材であることから使用される。また他の材料であっても、エレメントを小さくすれば使用することができ、望みどおりの形態が得られる。

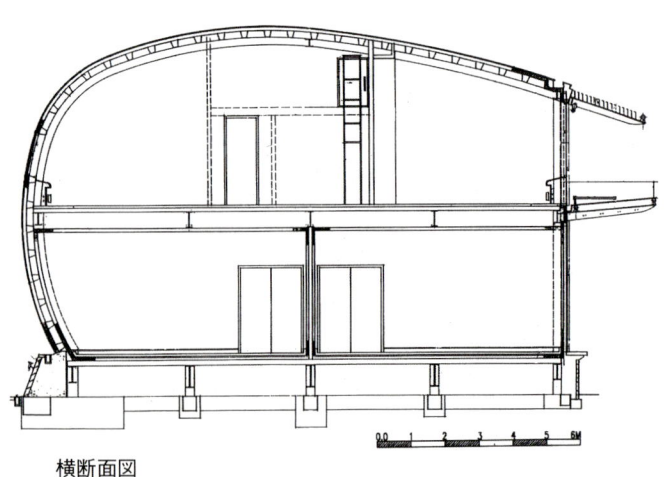

ニック・ダービシャー、ウィルステン貨物駅（ロンドン、イギリス）

横断面図

長円形の断面を持つ、ひしゃげた円錐体は、アルミニウムの外皮をまとい、敷地の形を3次元的に繰り返している。それはあたかも基部のマッスの上に浮遊しているようだ。

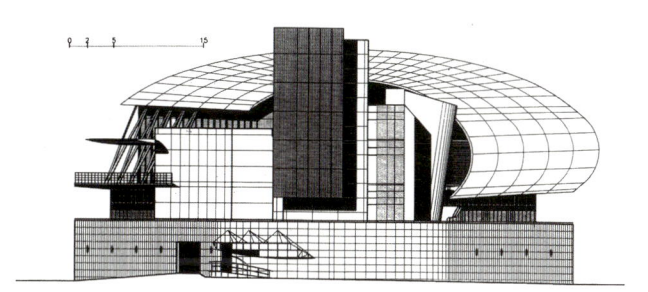

南東側立面図

エンリケ・ノルテン、テレビ局（メキシコシティー、メキシコ）

先端と後尾にアームが出ているという格納される装置の幾何学的特徴を計算に入れながら、単純な単一のボリュームからなる清潔感のある均整の取れた解を求めた結果、それらの装置を覆う放物線の断面をもつ2つのボリュームという結論が導き出された。この解はまた、構造的有利さとローコスト化をもたらした。まず第一に、放物線においては曲げ応力はなく、圧縮力だけが加わるため、ポルティコ（柱廊玄関）の部材を減らすことができた。また切妻を持つ伝統的な平行6面体にくらべ、屋根板面積も減らすことができた。

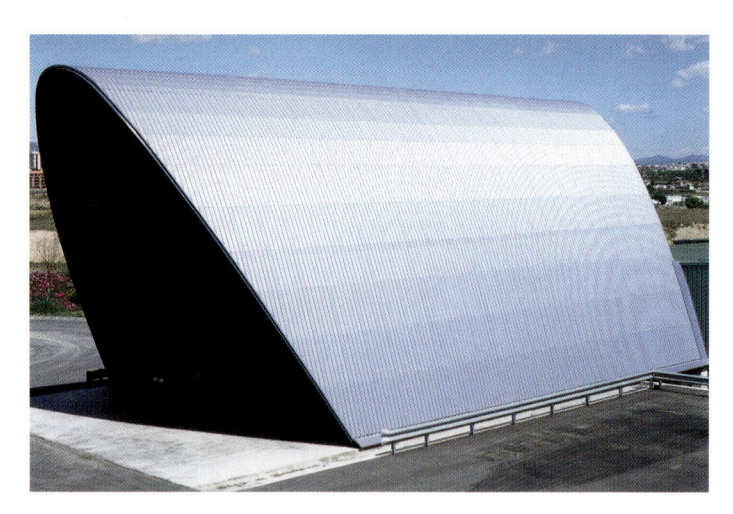

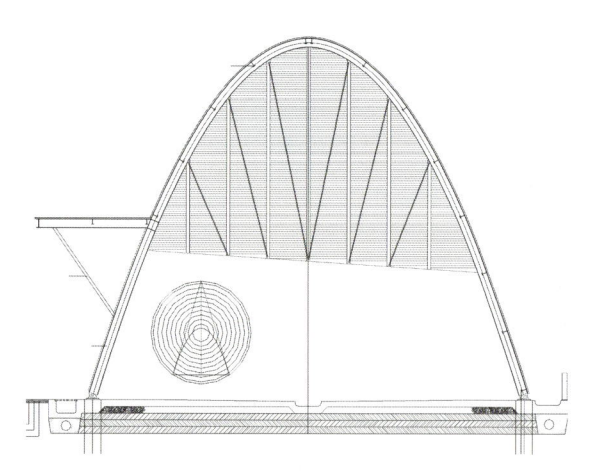

横断面図

B・フェルナンデス、I・パスカル、X・ボネ、ゴミ処理工場（ベネデス、スペイン）

敷地全体にさまざまな機能を配分するという既成概念から脱却して、ここでは単一の構造体が頭、胴、尻尾の中にすべての要素を収納している。鉄骨構造でスキンはアルミニウム。ボディーを長手方向に走る連続した線が流線型の構造を際立たせている。

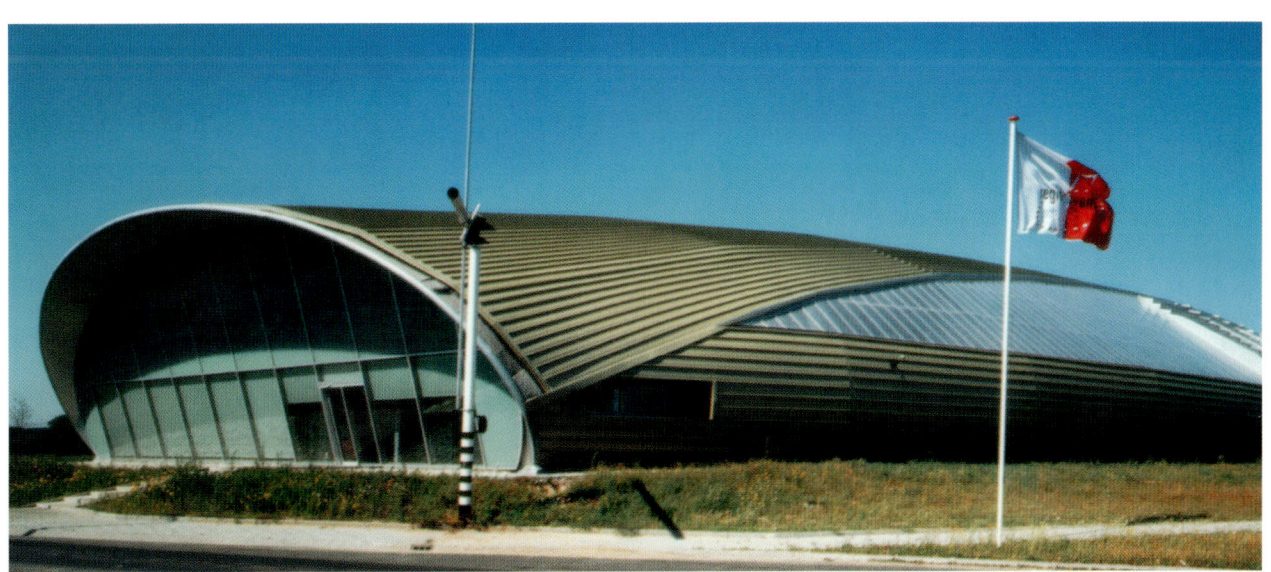

オーステルハイツ、ゴミ処理工場（トレンデ、オランダ）

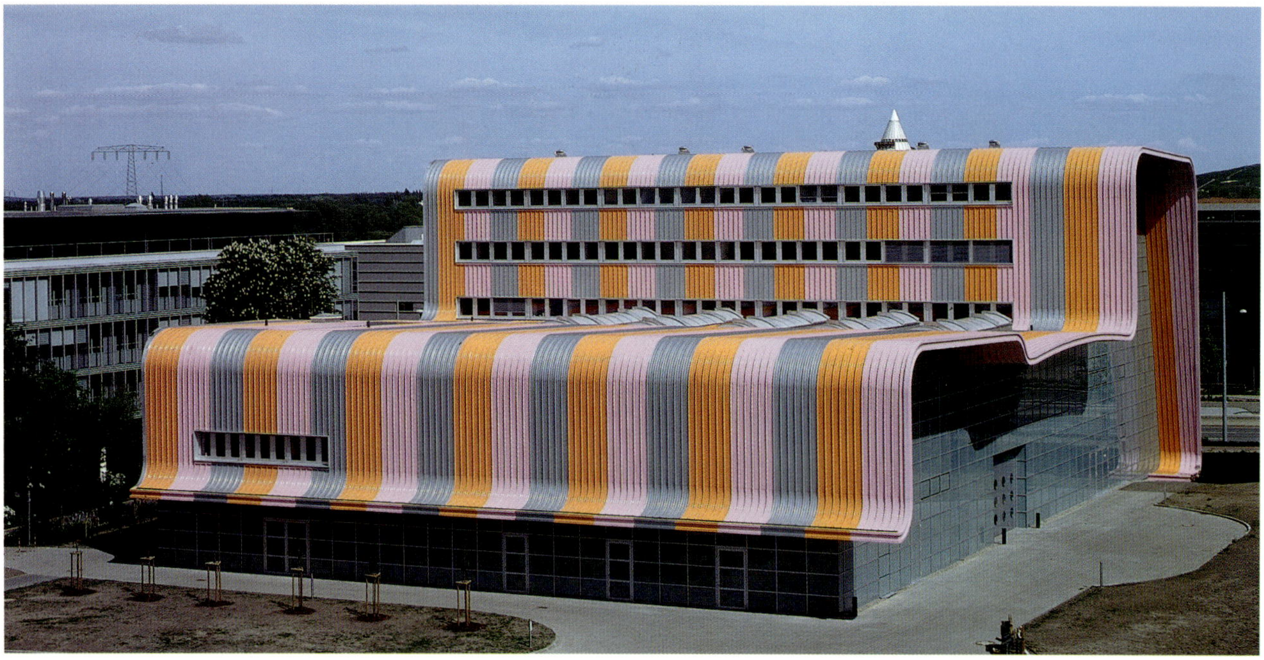

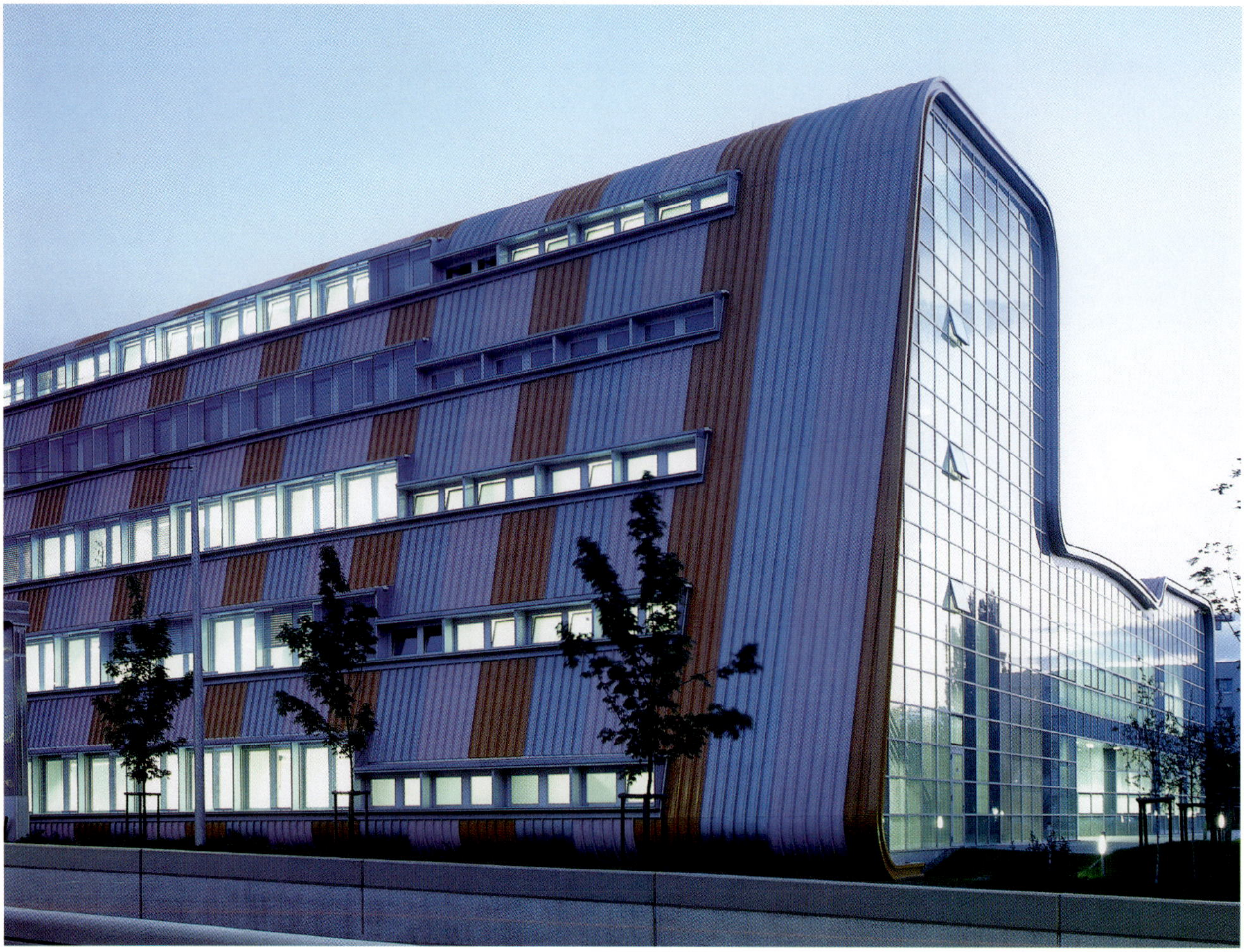

屋根とファサードは東西方向に連なり、1枚の色鮮やかなブランケットが波打つ構造体を覆っているような光景が現出している。このブランケットは、象徴的レベルではプログラムの異質な要素を視覚的に結合し、またその大胆な色彩は、工場構内に特別な一体感をもたらしている。

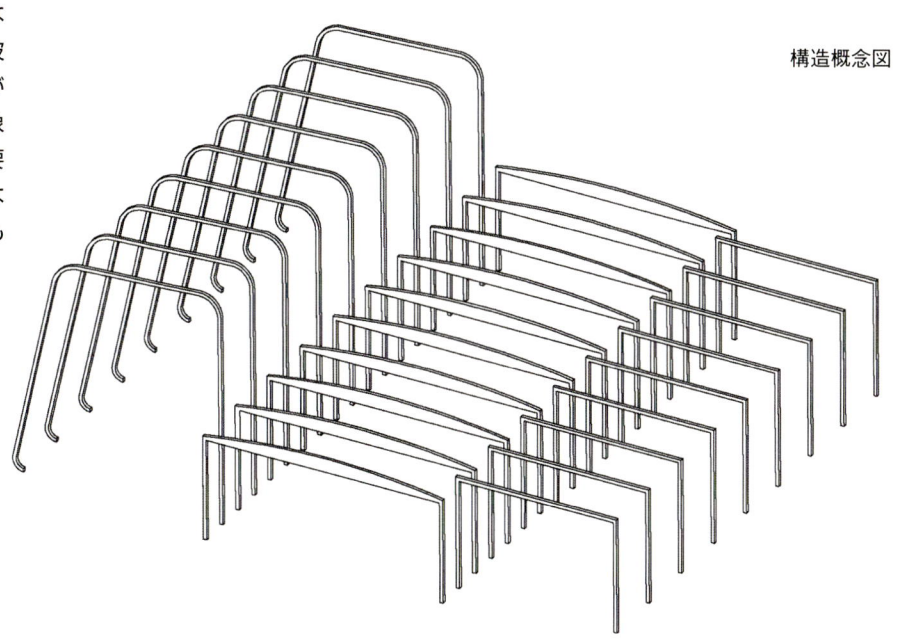

構造概念図

ザウアーブルッフ・ハットン、実験的工場（マグデブルグ、ドイツ）

実験的屋根

　屋根の進化と実験への熱望から、既成の範疇に組み入れることができない独特の形状の屋根が生み出されてきた。そうした屋根は、これまで勾配屋根または陸屋根という2つの大きな区分の中に大雑把に組み入れられてきたが、その幾何学的複雑性ゆえに別の1章が与えられるべきであろう。

　この種の実験的屋根は、美的かつ構造的解を出すために特殊なエレメントを必要とする。なぜなら全てのエレメントが同一では有り得ないからである。棟、下り棟、谷等の難しい部位は、それぞれのケースに応じて特殊な設計がなされなければならない。

　また防水仕様やムーブメントに耐える引張応力、変形に耐える構造的適合についても注意が必要である。もちろんどのような種類の屋根であれ、このような点については注意が必要であるが、特に実験的屋根においては建設に際して格段の注意が与えられなければならない。

　実験的屋根を創造する中で、これまでになかったさまざまな材料とフォルムが、スキームの同一性を創造するために用いられている。

屋根平面図

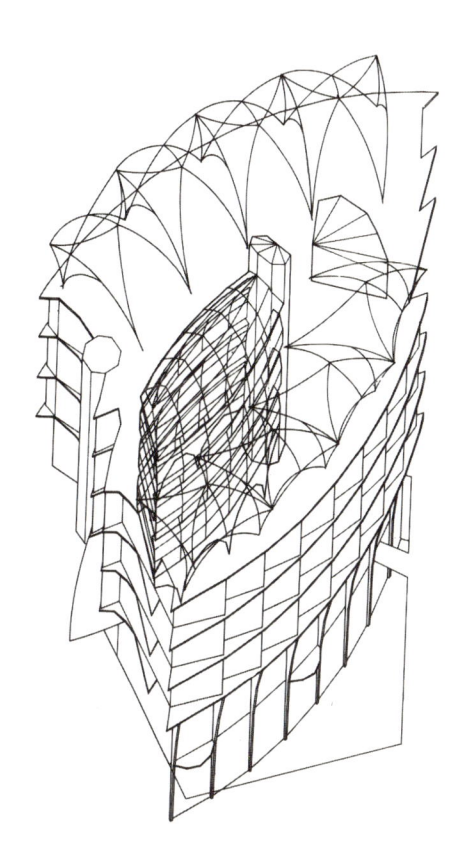

アクソノメトリック図

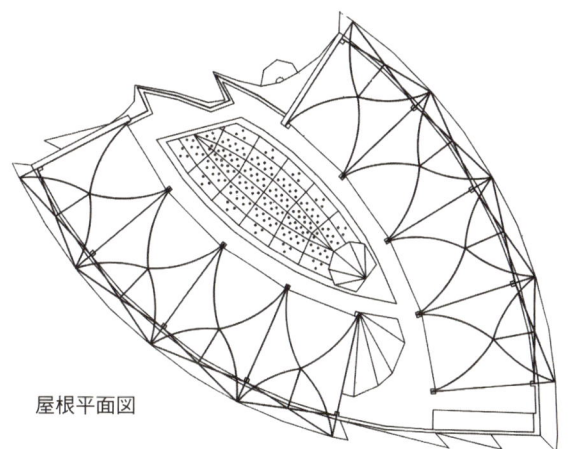

松永安光近代建築研究所　Y's Court Nakahara（川崎市、神奈川）

99

オーラハウスは典型的な「うなぎの寝床」の敷地に建てられている。問題は、光と空気をいかに家の中心まで導き入れるかという点であった。コンクリートの壁を敷地の両端に走らせ、その間に半透明の被膜を張るというのが解であった。屋根樹脂材の引張り状態を維持するため、複雑な曲面が生み出された。同一形状の壁を逆向きに平行に並べたのである。円筒形のコンクリート梁が2枚の壁の間の架構となって構造

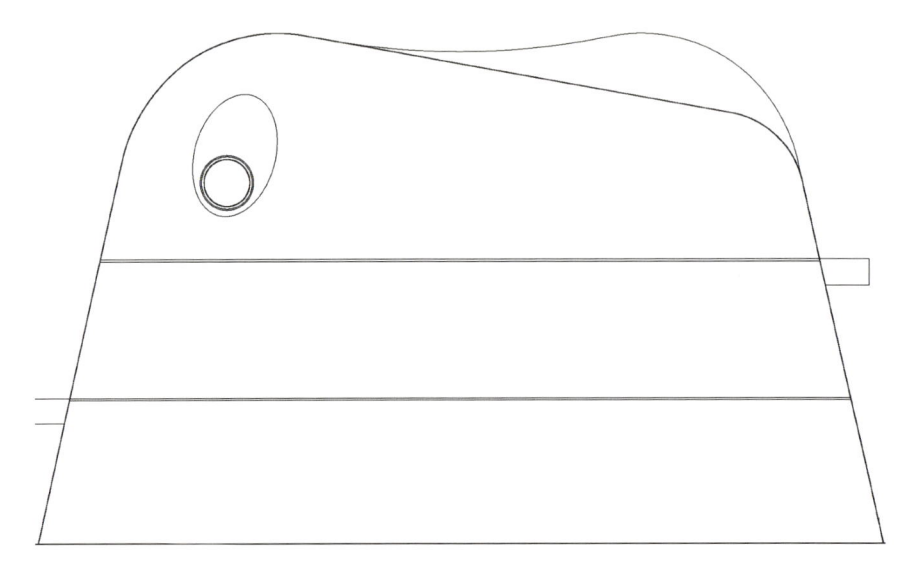

側面立面図

を安定させている。逆向きの棟のラインが、建物の長手方向にそって作り出される梁のねじれを方向づけている――外観とは裏腹に、見事に合理的な構造的解である。樹脂被膜は昼間は光を室内に透過させ、夜間は発光する。建物は都会の24時間のリズムに合わせて、光を「呼吸し」、脈動する。

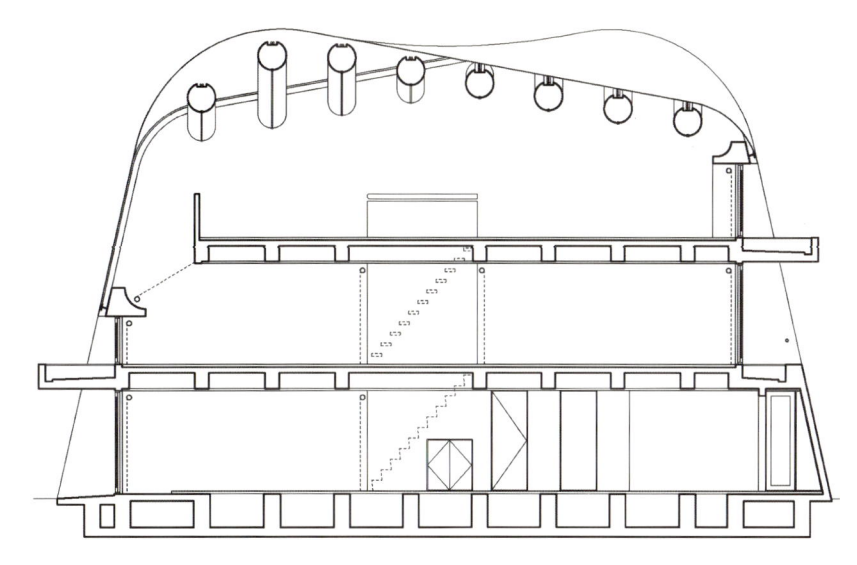

縦断面図

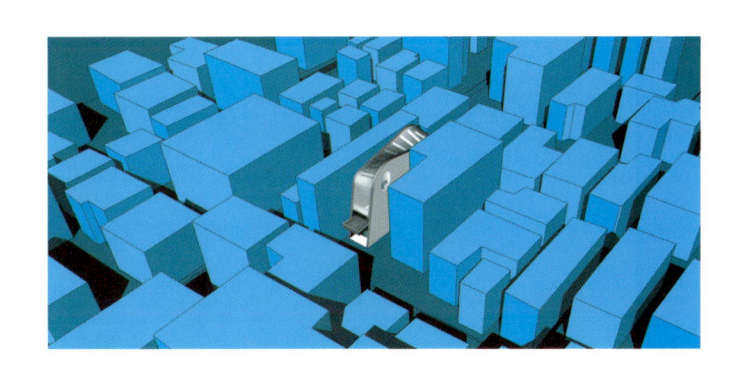

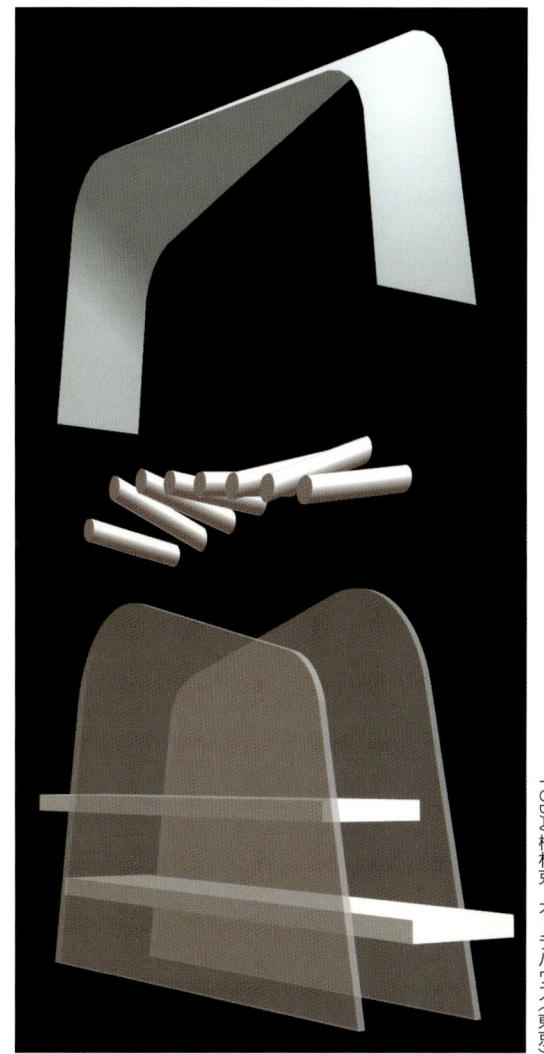

FOBA/梅林克、オーラハウス（東京）

101

北西側立面図

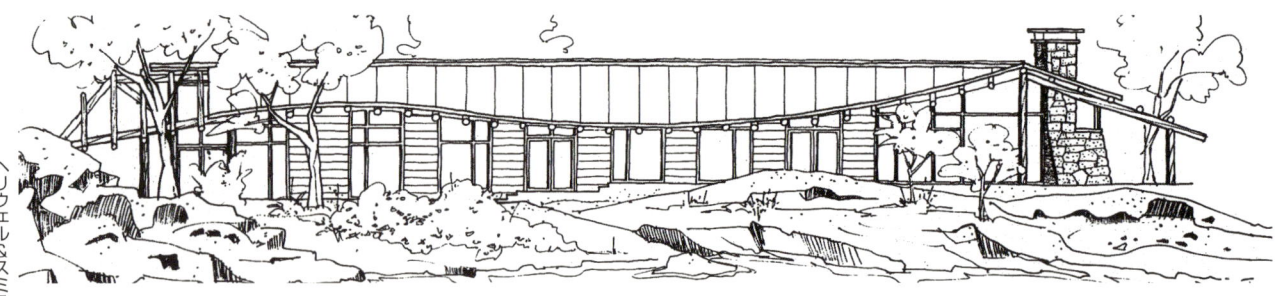

南東側立面図

南西側立面図

〈ヘリウェル&スミス・ブルースカイ・アーキテクチャー、グレンウッド邸（ガリアーノ島、カナダ）

海岸線に平行に直径40cmの梁が長手方向に1直線に通され、骨格構造標本の背びれの役割を果たしている。直径25cmの対になった横木によって波打つように抑揚がつけられた骨格は、全体に形態を与えるリズミカルな体幹の連続のように見える。屋根の両端はややせり上がり、屋根つきの外部空間が両サイドに設けられている。海に面する側の屋根のムーブメントは、光の反射と植生を最大限に生かしながら、森側に影をもたらすように綿密に計算されている。この構造的システムは、長い背びれのシルエットを想起させる形態で、景観に溶け込むように引き伸ばされている。室内光線の量を増やし空気を冷涼に保つため、ひとつづきの天窓が設けられており、そこからはすぐ傍にある木々の葉からこぼれ落ちる柔らかな光が入り込む。

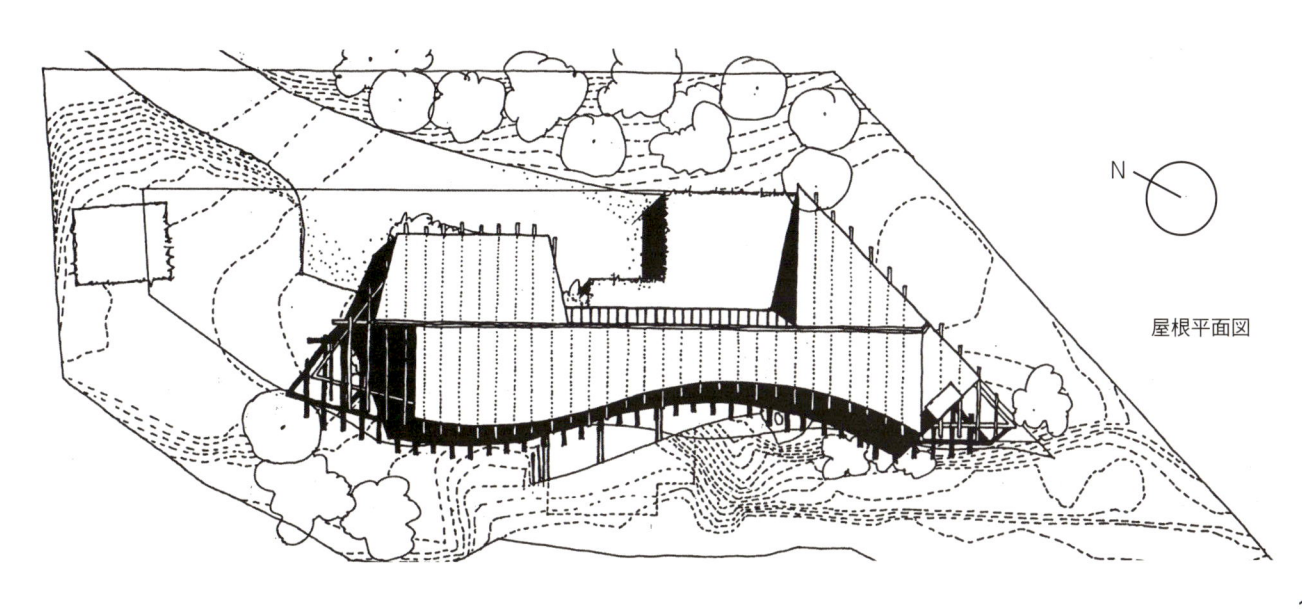

屋根平面図

集成材の小屋組みをシーダー材のシングルで葺いた波のようにうねる屋根は、入口で分割され、訪問者が雨や風を避けながら、建物の構造の向こうに海とそこに浮かぶ荒々しく切り立つ岩の島々が眺められるようになっている。屋根の北側は地面に接しており、風が家の上を越えていくように誘導している。一方南側では屋根は大きく切り開かれ、テラスから壮観な景色が眺望できる。積層材の梁の連続が、木と銅とガラスで構成される大きなうねるような空間を支えているという、この建物の構造はむきだしになっており、家の内部から目で確認できる。寝室は東と西の端に設けられ、それを仕切るパーティション越しに家全体が見通せるようになっている。

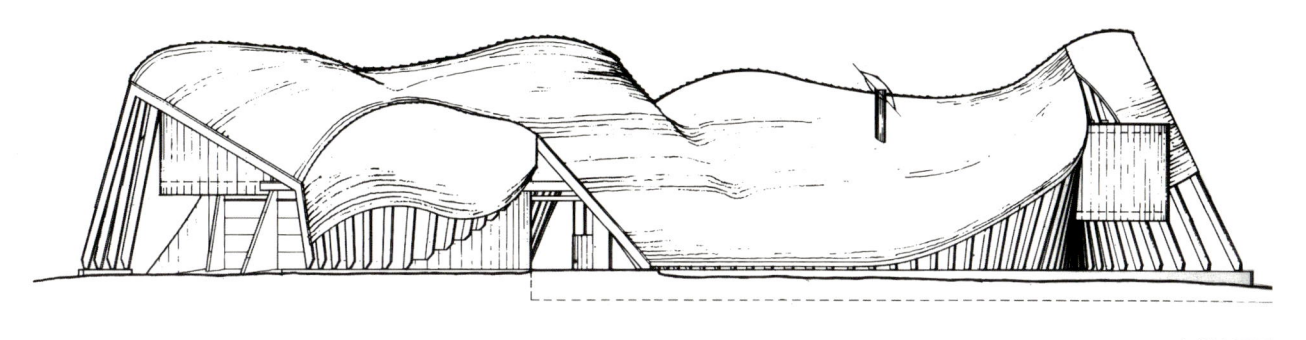

東側立面図

西側立面図

バート・プリンス、ハイトレジデンス（メンドシノ岬、アメリカ）

105

クジラの透明な部分は自然色の曲面ガラスでできている。合せガラスの梁が透明ガラスの透き通った海を支え、その上にクジラがゆったりと巨体を浮かべている。屋根面は全体がガラスでできた有機的な塊によって支配されており、それは明らかに既存の建物の対称性に挑戦している。

エリック・ファン・エゲラート、ING銀行＆NNH本社（ユトレヒト、オランダ）

建物の主要エレメントは、建物の後部を這うおびただしい数の「羽根」のエレメント、縦軸に沿って走る天窓、そして細いアングル形鋼によって支えられ、この地域特有の強風の力によってたわんでいる風車の羽根状に広げられた、独特の形状の張り出し屋根である。外界の光は天窓の上に張られた強化プラスチック材の屈折板によって集められ、住宅内部へと注ぎ込まれる。屈折板は細い鉄筋によって補強されており、光線を偏向させて快適な室内照明を作り出す。

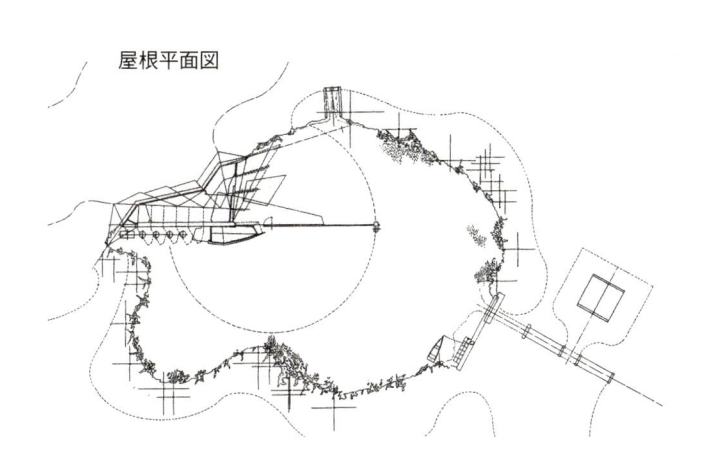

屋根平面図

ナイアル・マクラフリン、ノーサンプトンシアの小屋（ノーサンプトンシア、イギリス）

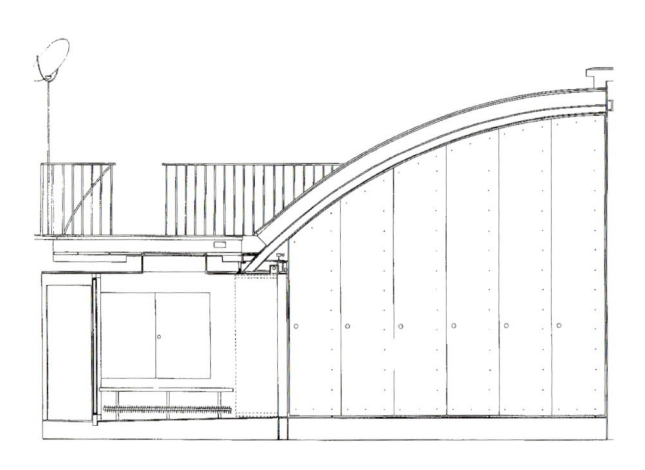

横断面図

横断面図

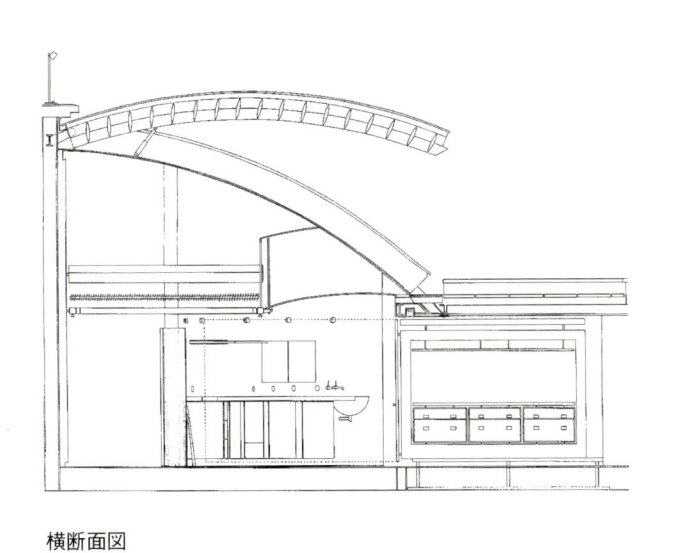

ブルックス・ステイシー・ランドール、ローエ邸（ロンドン、イギリス）

109

補助エレメント

天窓

　天窓は狭い空間にも広い空間にも自然光をもたらすことができる。しかしそれは温室効果により室内の温度を上昇させるという問題を惹起する可能性がある。短い波長を持つ日光はガラスを容易に透過し、室内のさまざまな材料の上に照射する。それらの材料は熱せられ波長の長い放射を生み出すが、それはガラスを透過することができず、その結果室内の温度が上昇する。この問題の解決法としては、日射遮蔽対策および過熱状態の空気を排出する換気装置などが考えられる。また夏には全面的に天窓を開口する方法もある。

　ドーム型天窓は、陸屋根および勾配が10％以下の勾配屋根に設置することができる。それはドーム、基礎、開口システムの3つの部分によって構成されている。ドームは光を引き入れる半透明の部分である。基礎は、屋根への取り付け部分のことである。そしてこれはオプションであるが、開口システムは天窓を換気のために開口するシステムである。

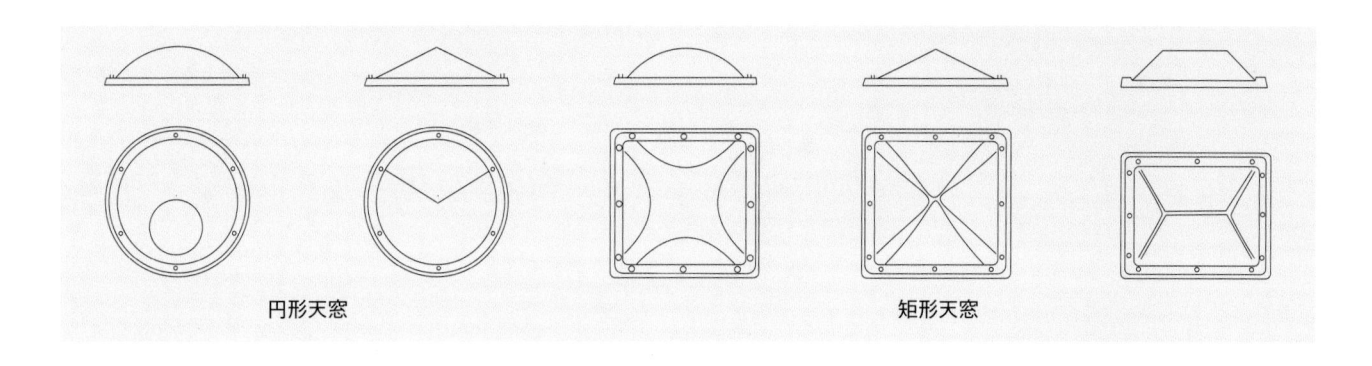

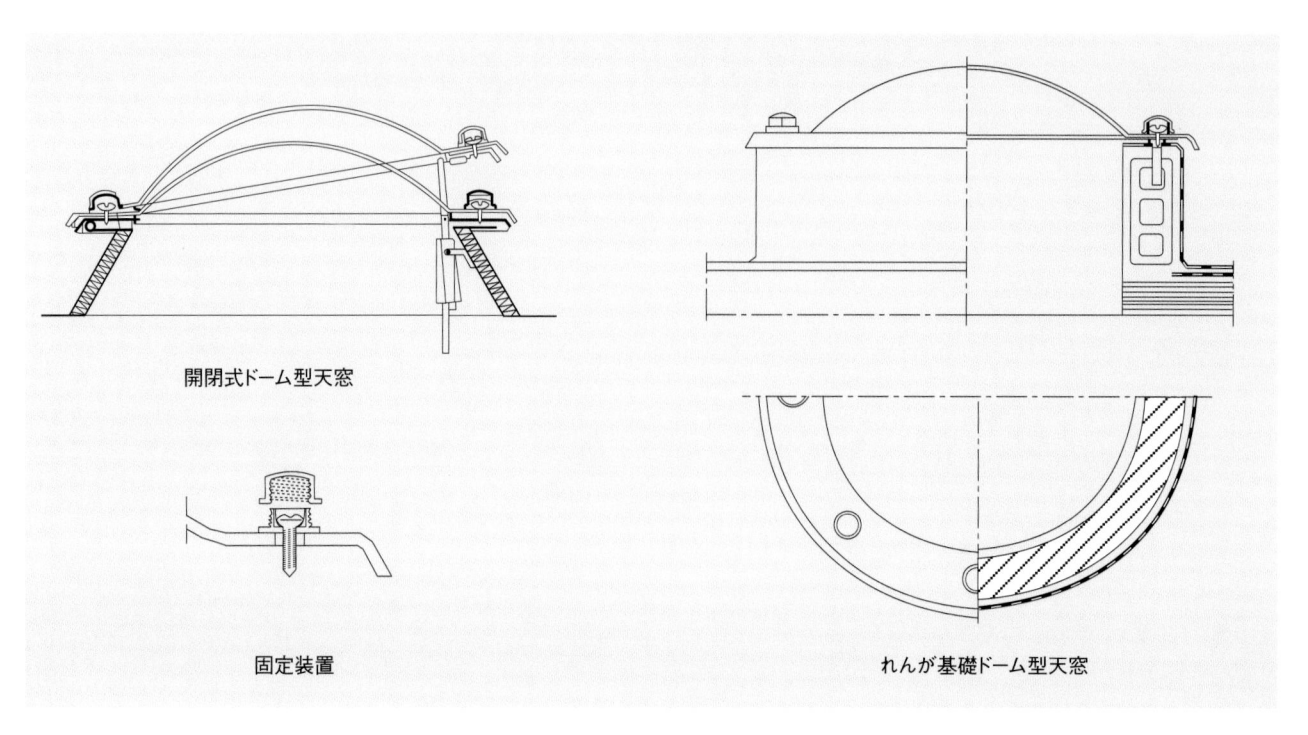

円形天窓

矩形天窓

開閉式ドーム型天窓

固定装置

れんが基礎ドーム型天窓

教会は天空として解釈される平滑な天井によって覆われている。屋根には25基のキューポラが取り付けられ、そこから導かれた光が教会内部を明るく照らしている。

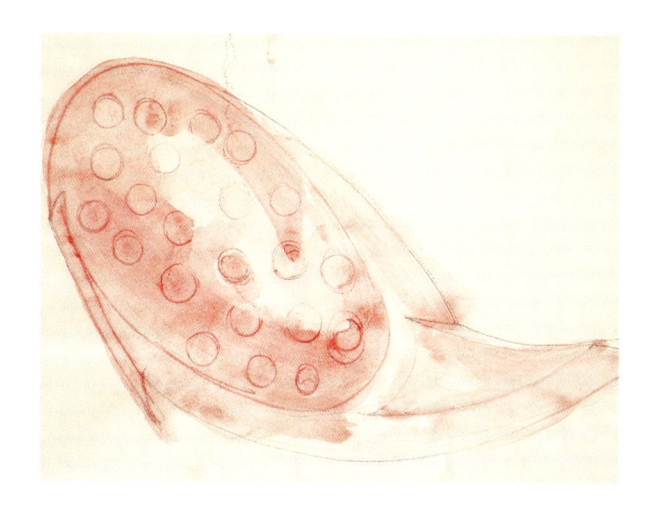

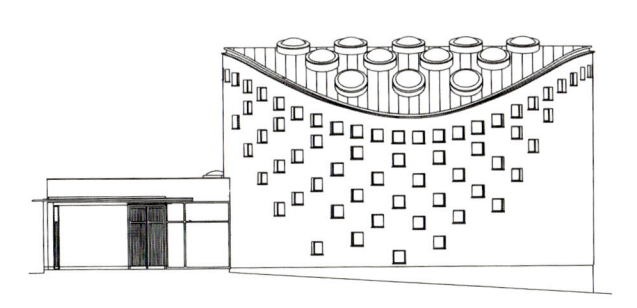

南側立面図

ハインツ・テッサー、プロテスタント教会（クロスターノイブルグ、オーストリア）

天窓の材料としては、強化ガラス、グラスファイバー、発泡ポリカーボネート、半透明コンクリートなどがあり、それらを鋼製建具、またはコンクリート工作物で固定する。天窓に不可欠な性能は、風圧と最大600kg/㎡にも達する位置および大きさから生じる過荷重に耐える強度である。天窓は陸屋根および勾配が15％以下の勾配屋根に設置することができる。また天窓は、4方で支える場合、あるいは3方、2方で支える場合がある。材料の選択においては、日光が一定の照明をもたらすことを可能にするものでなくてはならず、時には反射と特定の部位への光の集中を避けることも要求される。陸屋根に天窓を設ける場合、太陽輻射からの防護という課題はさらに技術的に複雑なものとならざるを得ない。夏には屋根は、最も方向の悪い立面の2倍以上の太陽輻射を受けるので、十分な防護がなされなければならない。

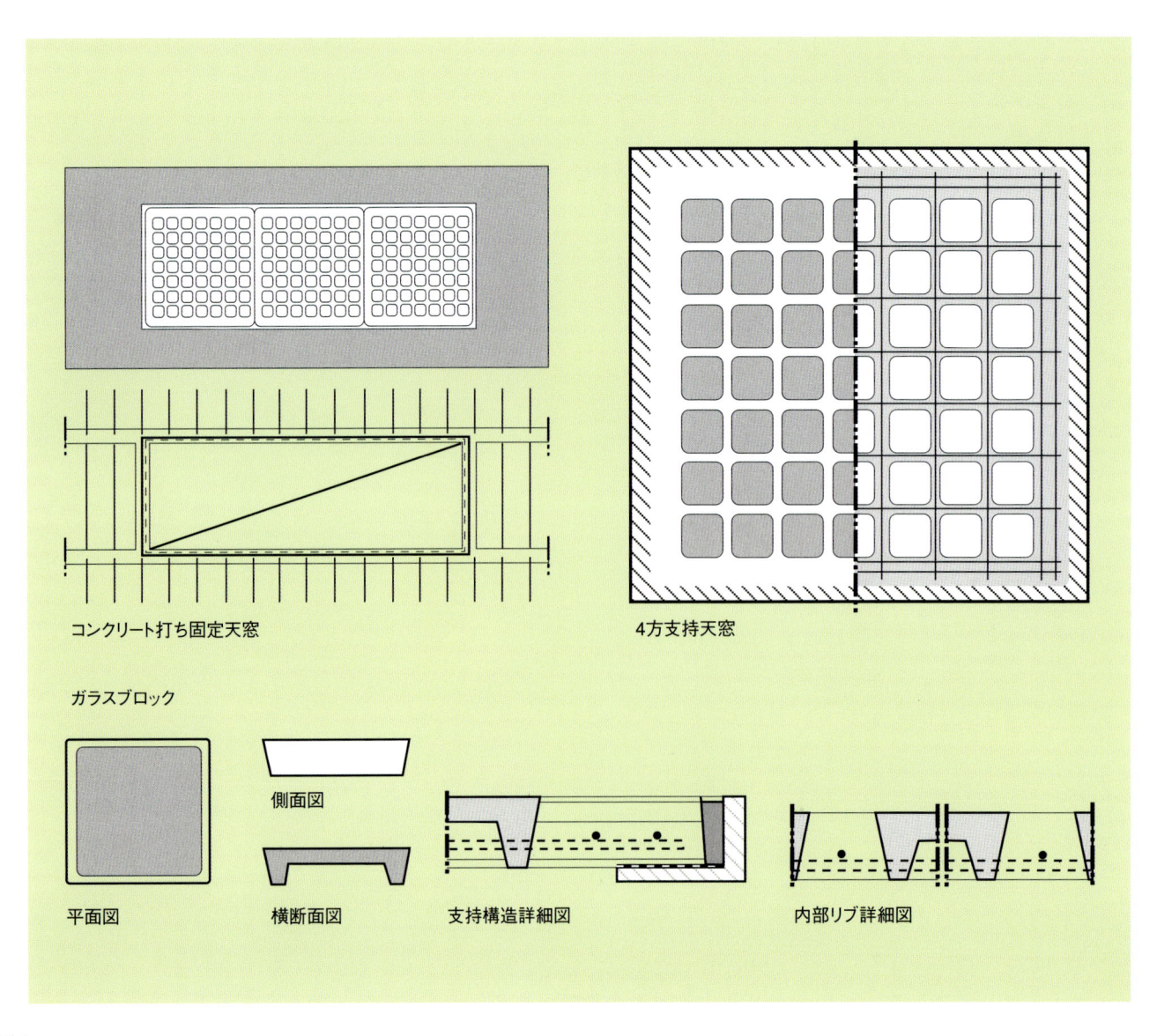

コンクリート打ち固定天窓

4方支持天窓

ガラスブロック

平面図　　側面図　　横断面図　　支持構造詳細図　　内部リブ詳細図

鋼製の格子枠とガラス積層板で構成された天窓が、建物内部の虚空を覆っている。雨は遮断されているが、自然光と自然換気は保たれている。

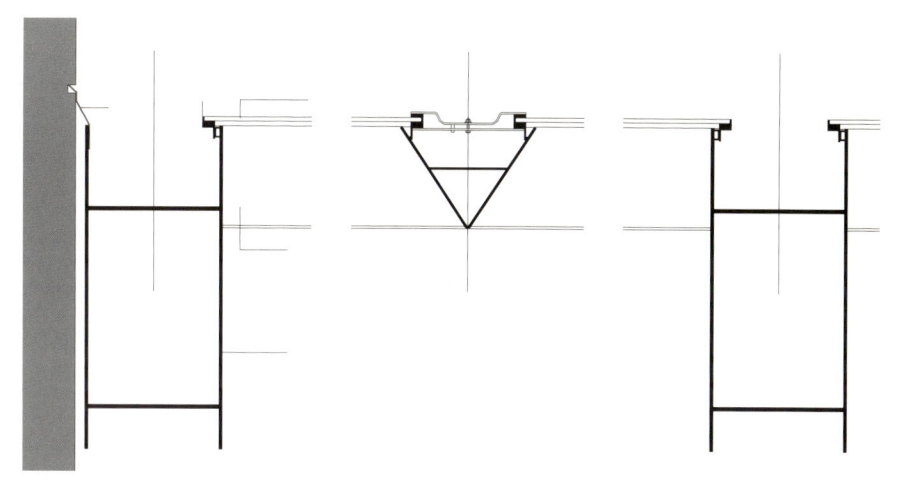

構造詳細図

パウロ・メンデス・ダ・ロカ、エスタード美術館（サンパウロ、ブラジル）

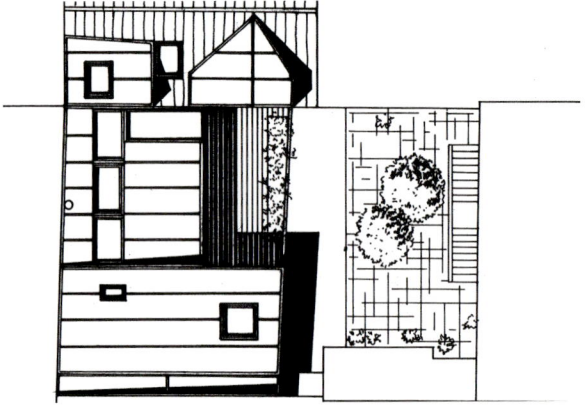

ガエル・ハモニック&ジャン・クリストフ・マッソン、ガレージの家（パリ、フランス）

屋上平面図

構造詳細図

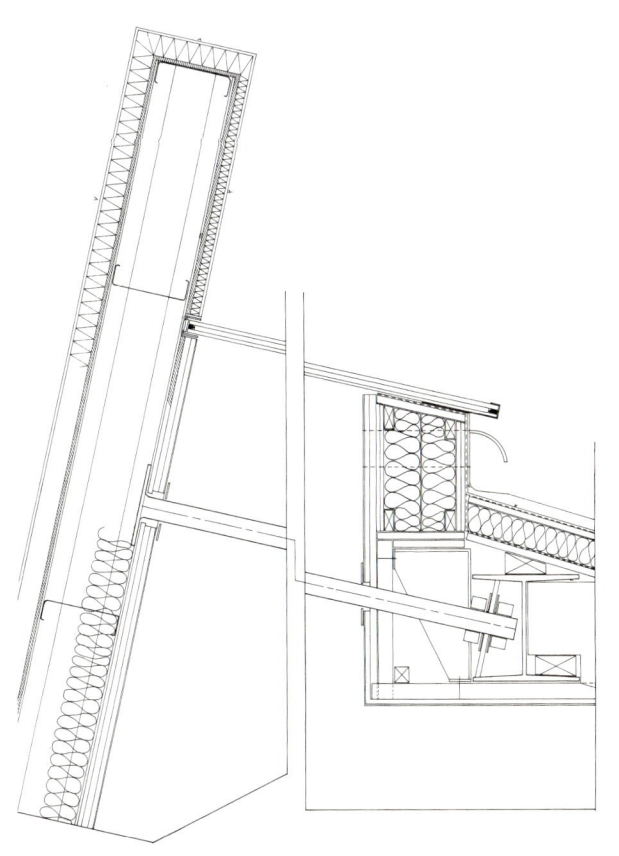

ガイ・グリンフィールド、西ロンドンの医院（ロンドン、イギリス）

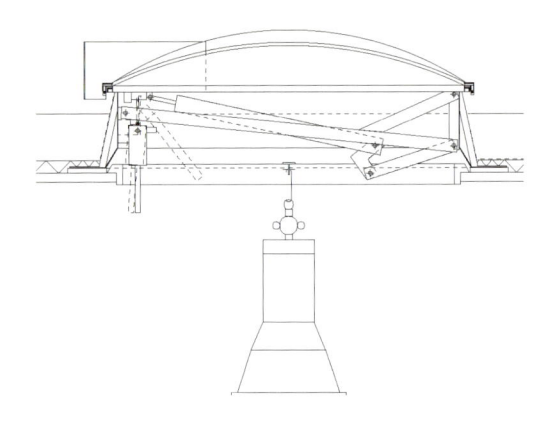

構造詳細図

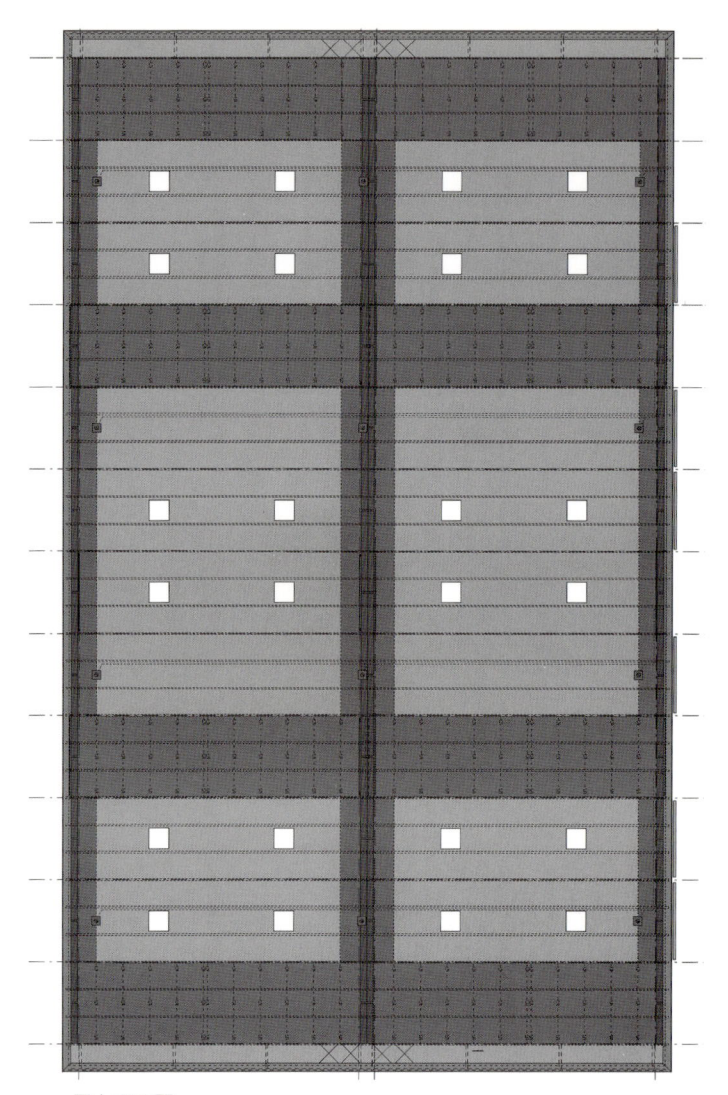

屋上平面図

フローリアン・ナグラー、木材倉庫（ボービンゲン、ドイツ）

各ベイの上の主要構造部として、心々2mの間隔で渡されている細い積層材の梁は、建物が木構造であるということとは関係なく選ばれた。

斜めに傾いている抱き合わせ屋根システムは、北向きの天窓を備えることで既存の屋根を再解釈している。それはまた、研究所として必要な多様な機械設備の容器ともなっている。構法はコンクリートスラブと柱のシステムで、その上に2.5mのスチールトラスの屋根が傾斜して立ち上がっている。それにより、自然光が下の研究所と事務室に透過することが可能になっている。天窓の最頂部にあるV型の空間は、機械設備のための空間となっており、また夜間は人工的な照明エレメントのための大きなランタンの役割も果たしている。

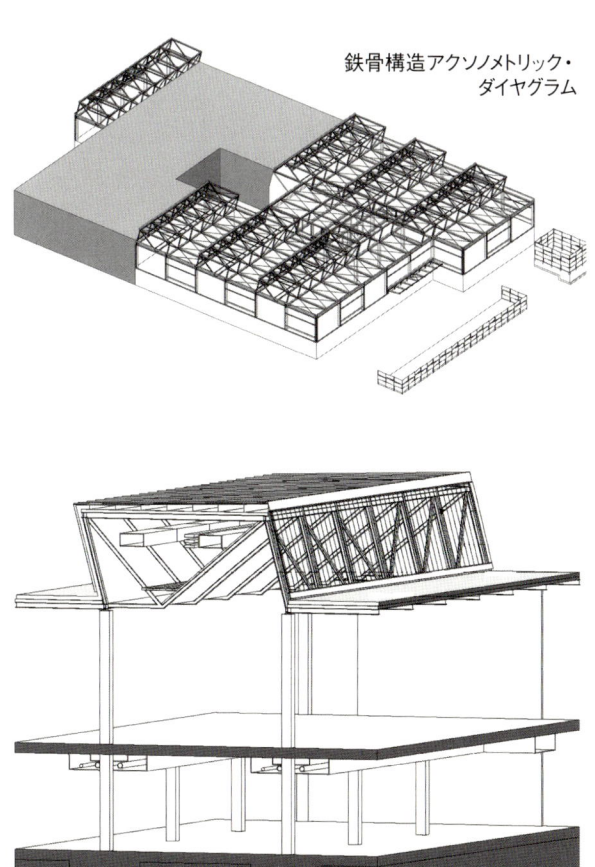

鉄骨構造アクソノメトリック・ダイヤグラム

構造アクソノメトリック図

バルコウ・ライビンガー、ハースレーザー工場増改築（シュラムベルグ、ドイツ）

C・グラドーリ、L・エレーロ、A・サンズ、電子部品工場（シャティバ、バレンシア）

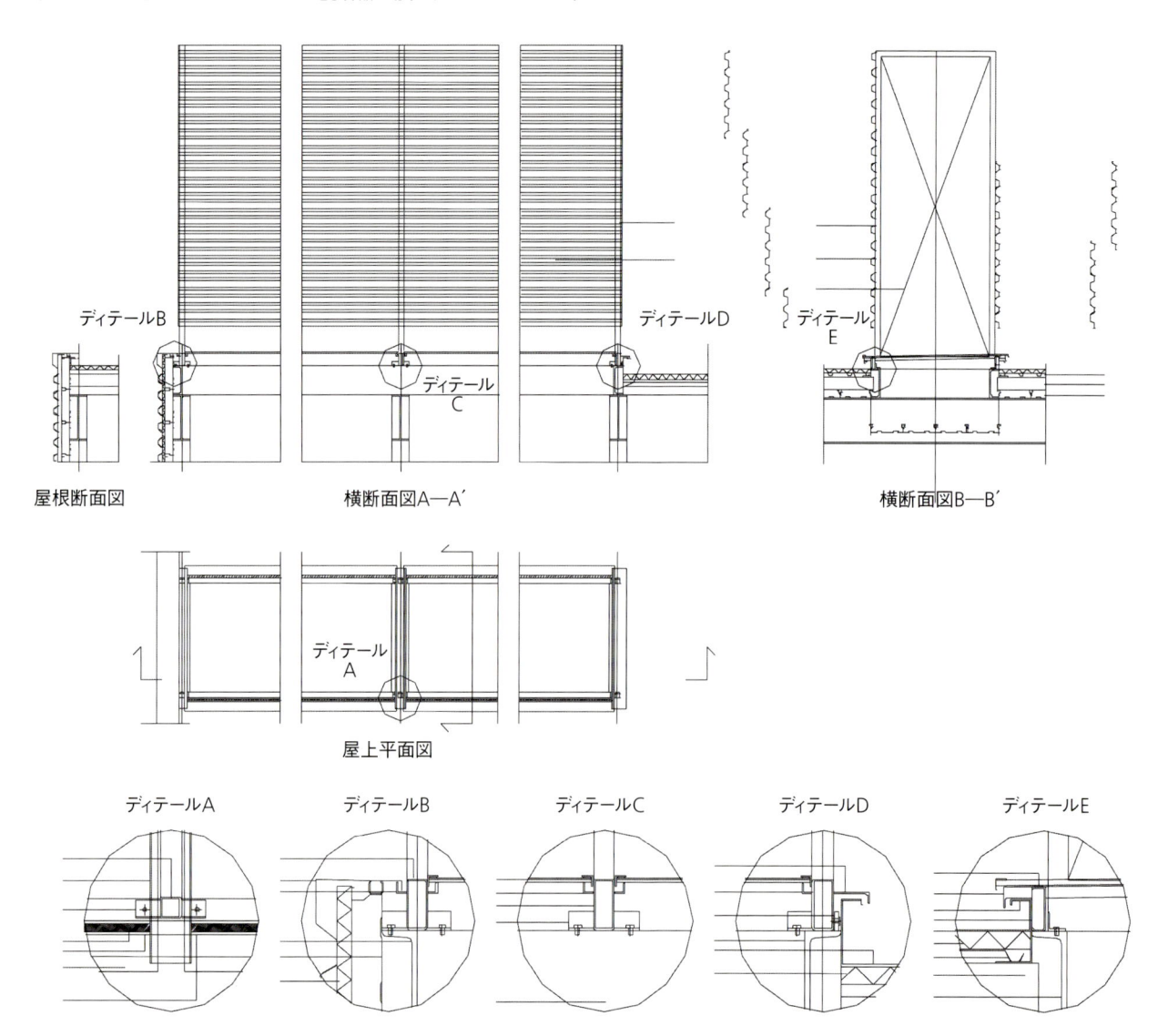

屋根断面図　　横断面図A—A′　　横断面図B—B′

屋上平面図

ディテールA　ディテールB　ディテールC　ディテールD　ディテールE

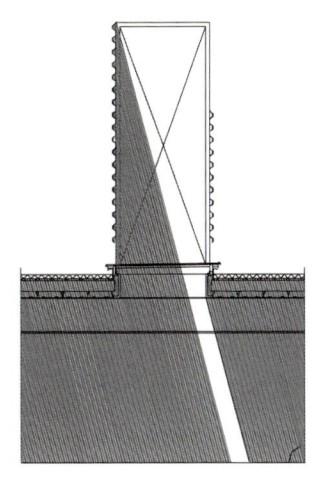

日照検査

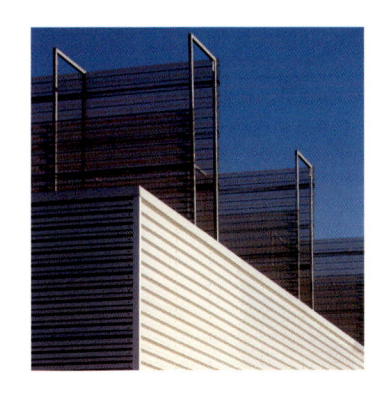

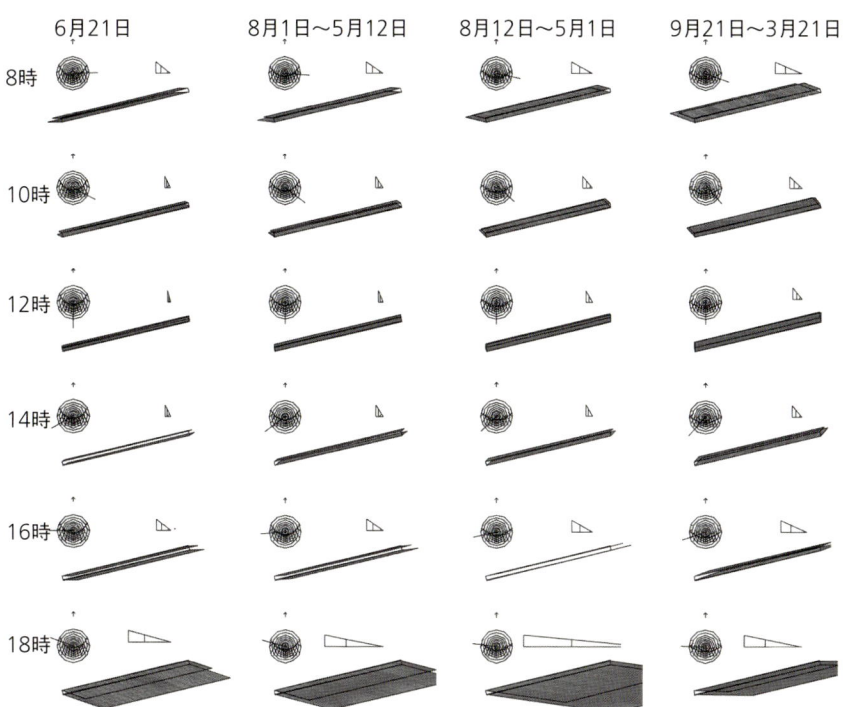

　鉛直開口部と屋根の構法は、主構造の上に段差をあまり設けずに開口部を置き、それを囲むように鋼製パネルを立ち上げるというものであった。
　天窓構造に対して鋭いナイフで切り裂くような日照検査が続けられ、鋼製パネルが数列全体的に除去された。構造的支持材の数を減らすため、かもいが両側をまたぐように固定されている。また天窓の大きさは、支持梁と受梁の両方に等分に支持されるように調整されている。

	6月21日	8月1日～5月12日	8月12日～5月1日	9月21日～3月21日
8時				
10時				
12時				
14時				
16時				
18時				

日照検査

121

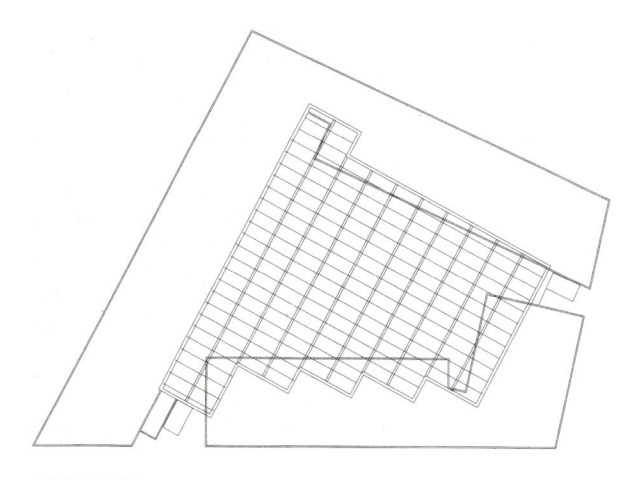

屋上平面図

KCAP、エメラルド老人ホーム（デルフト、オランダ）

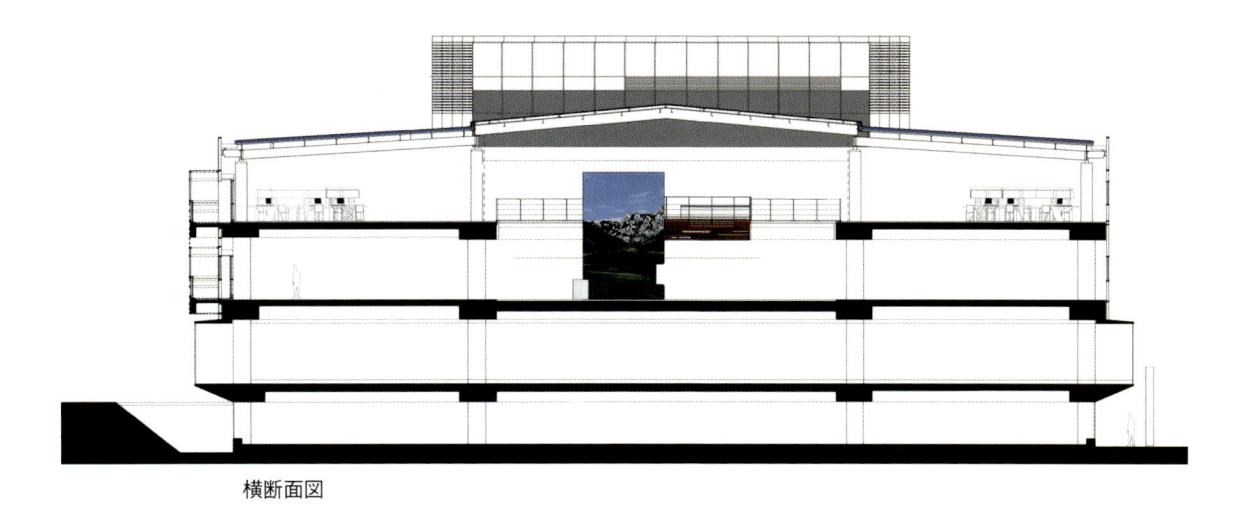

横断面図

マシュー・プリーストマン・アーキテクツ（テッドベイカー本社ビル）

ルーバー

　良好な換気空調システムを実現するためには、壁面、屋根面を問わず、ガラス面は必要とされる自然光の量と日射量との間に適正なバランスがとれるように準備されなければならない。

　閉ざされた空間への入射光が熱エネルギーに変換されると、建物内部は過熱状態になる。その結果、建物外部より内部のほうが気温が高いという現象が生じる。

　ルーバーは日光に対する防護を提供し、気候的調節を可能にする。夏には、ガラス開口部に対する日光量を減少するために、そして冬には太陽エネルギーを捕獲するために活用することができる。ルーバーには、水平型と垂直型、固定式と可動式のタイプがある。

　東向きファサードは既製品の鋼製ルーバーで覆われ、それはまたテラスのガラス天井の支えとしても機能している。

村上徹、今治市の住宅（今治市）

建物の外観は、独立した金属構造によって支えられた巨大なラチスによって支配されている。屋外空間は、独立した鉄骨構造のルーバー屋根によって防護されている。

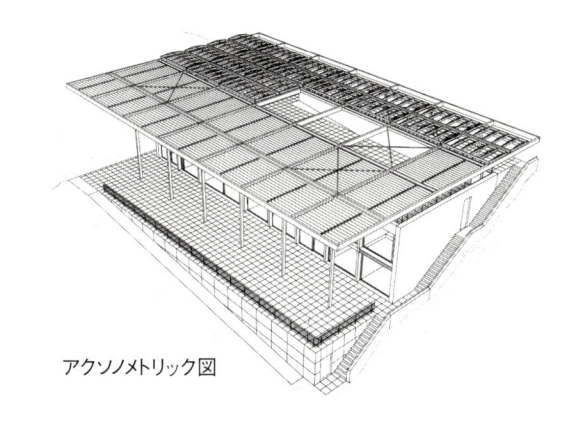

アクソノメトリック図

ノーマン・フォスター、個人住宅（ドイツ）

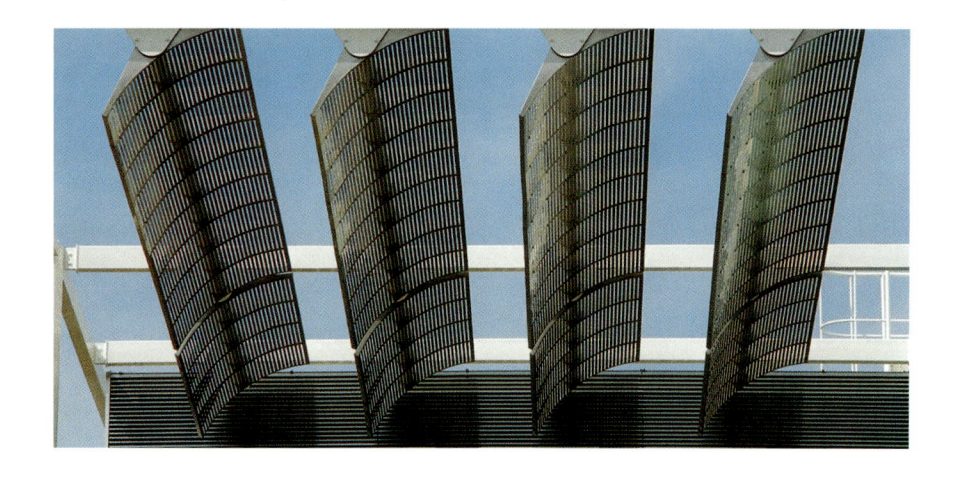

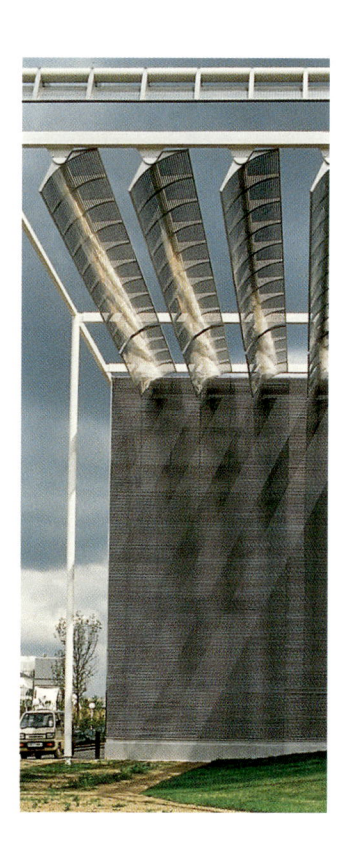

イアン・リッチー、ストックリーパークビルディング（ロンドン、イギリス）

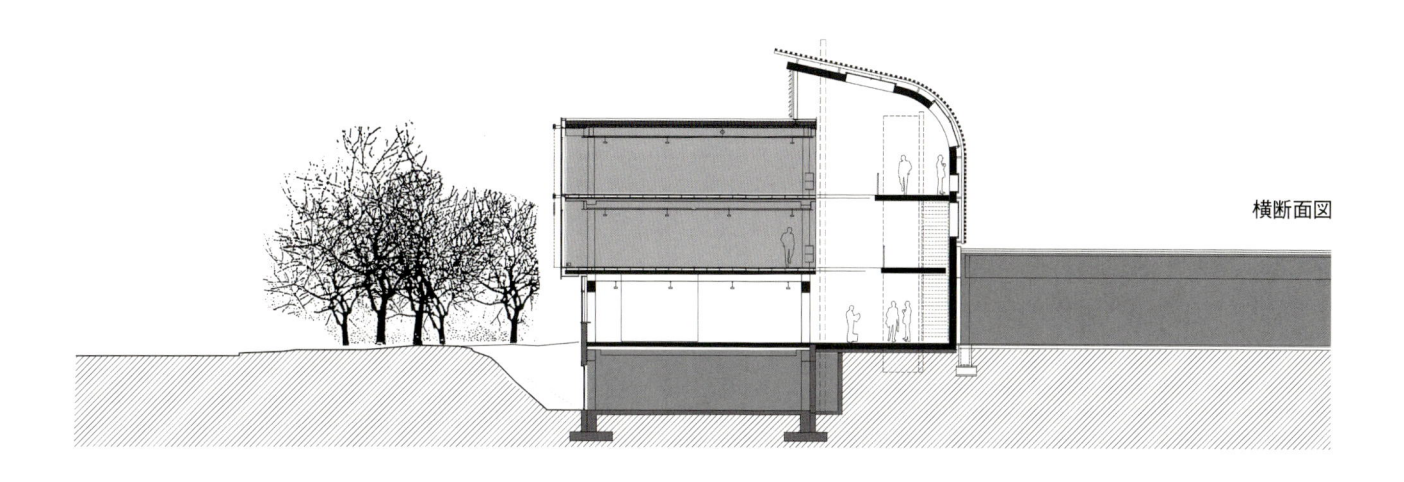

横断面図

カウフマン・テイリング、フライエ・アーヒテクテンBDA（シュトゥットガルト、ドイツ）

127

構法断面図

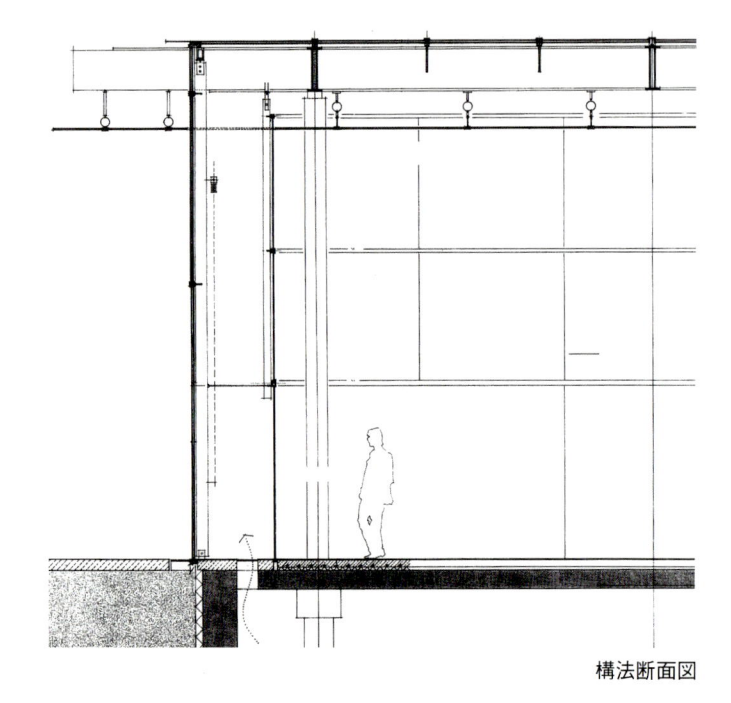

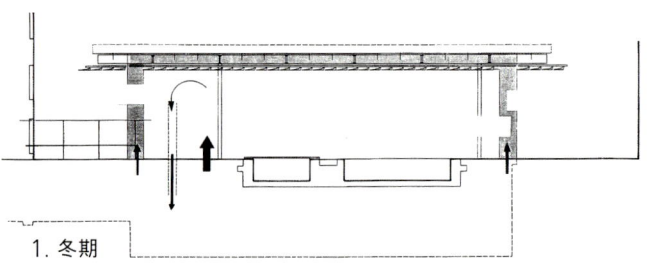

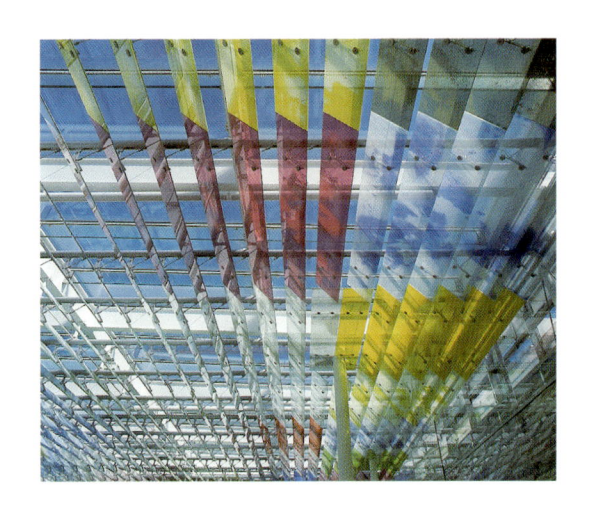

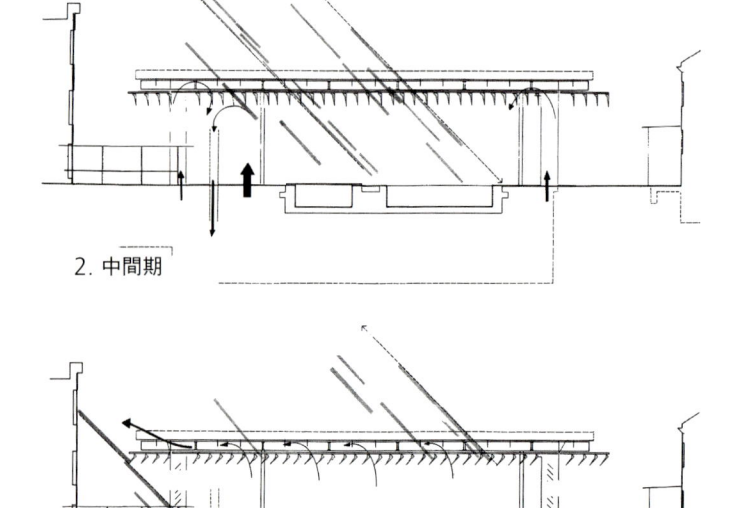

1. 冬期

2. 中間期

3. 夏期

エネルギー・コンセプト

ファサードと屋根は二重ガラス構法で造られ、ガラスとガラスの間には1mの空間が設けられている。その空間を空気が循環するため、建物は外気の温度変化から隔離されている。それはまたガラスと窓枠の結露を防止している。屋根の外側のガラス層には勾配がつけられており、排水が容易になっている。一方、天井は水平に張られているが、明色のガラスルーバーが作り出す波に溶解させられているように見える。ルーバーは日光と熱に対する防護の役割を果たすと同時に、スパに現代的で機能的なイメージを付与する装飾要素としての役割も果たしている。この新しいバスホールを覆うルーバーの45％の表面には、カラー模様がプリントされている。ルーバーは日光に垂直に位置するように調節され、室内に落とす陰が最適化されるようになっている。

ベーニッシュ＆パートナー、スパ保養地（バッド・エルスター、ドイツ）

129

軒

　軒は屋根の最下端を構成し、ファサードラインの下まで延びる。その機能は雨水をファサードから遠ざけ、建物に熱調節のための日陰をもたらすことである。

　パーゴラ（あずまや）および張り出しも、日光に対するフィルターとなって温度調節を行い、雨除けとなる。その機能は、日陰部分の換気を行い温度を下げること、湿度を低下させること、そして快適さを高めることである。

　軒、パーゴラなどのエレメントを通じた屋外の強烈な光から屋内の日陰への移行は、明暗法でいう中間部分を作り出し、そのことによって屋内の日陰は半日陰に囲まれた日陰として知覚される。この半日陰はある程度の厚みと大きさを持って、屋内と屋外の境界、移行を示す。それは建物を冷やし、日光の眩しさを和らげる空間であり、影が開口部に侵入し空気の流れが換気を改善するように誘われる場所であり、雨を建物から遠ざける場所である。日陰は優れた温度調節器である。軒、ブリーズ・ソレイユ（日除け）、そして植物は、建物内外の気温にかなりの相違を生みだす。軒はまた古くから雨に対する防護を提供するものとして用いられてきた。

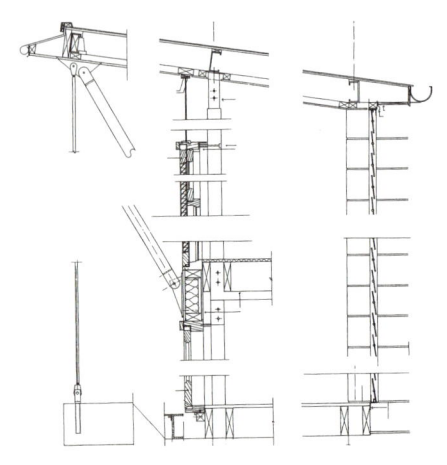

ARCHITECTUS、オークランドの家（オークランド、ニュージーランド）

構法詳細図

連続屋根の大きな存在が、建物全体に明確に定義された閉じたフォルムをもたらしている。こうして各部の不規則な高さを統一することが可能になっている。

ヘルマン・ヘルツバルハー、集合住宅（デューレン、ドイツ）

屋根は超微細な孔のあいたホイルを内側に貼り付けたツインシェル構造と決定された。それによって室内の防音と日除けという屋根の要件が満たされた。表面にコーティングをほどこされたホイルは、床冷房システムと一体となって熱反射鏡としても機能している。ツインシェル構造ガラス屋根の内側の日除け層は、太陽輻射を反射し、音を吸収する。

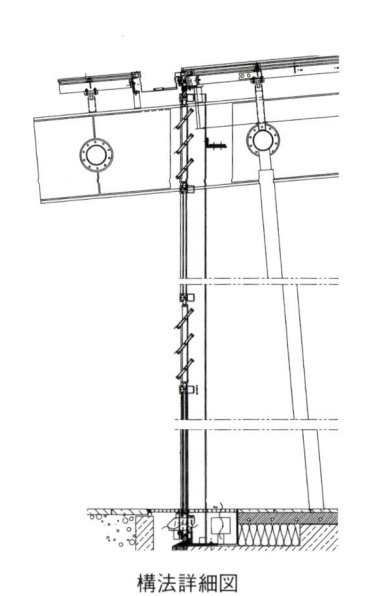

カウフマン・テイリッヒ＆パートナー、アディダス社員食堂「ストライプ」（ヘルツォーゲナオラッハ、ドイツ）

構法詳細図

長く張り出した片持ちの屋根は、自然と建物の融合というここでの戦略の象徴と解釈できる。屋根の梁は気候の変化、雨、雪の重さに対する高い順応性を持つ特殊なプラスチックでできている。梁の間に編みこまれた植物は、自然と人工のハイブリッド構法を形成し、建物に季節の移ろいに従ってさまざまな外観を与える。つたは1年中を通して梁の間に基本となるグリーンをもたらし、他の植物の葉、例えば野生のつる草などは、夏の間だけに見られ、ガラスのファサードに余分な日光が入り込むのを防ぐ。

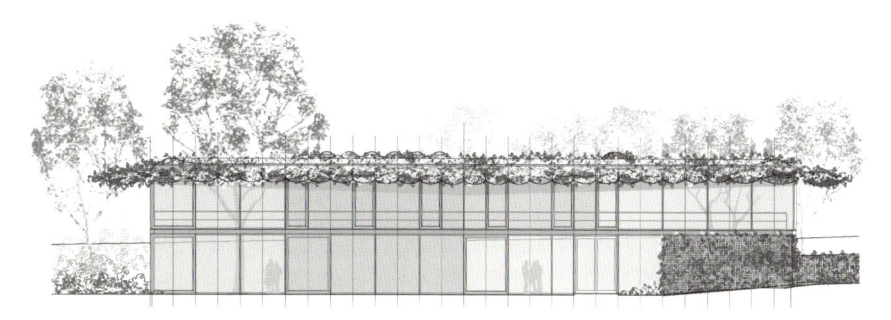

南側立面図

ヘルツォーク&ド・ムーロン、リコタ・マーケティングビル（ラウフェン、スイス）

板張りの天井は細い柱によって支えられており、室内の壁の上にそれと接触せずに浮かんでいるように見え、その結果空間的連続性が構築されている。勾配屋根は都市の建築規制の要件に応えたものである。北側の面は木製のパーゴラとなって屋外に向かって延長されており、その結果直射日光を受けずに、素晴らしい湖の景色を眺望できるようになっている。床もまた庭に向かって延長され、それとパーゴラの間に居住空間が形成されている。

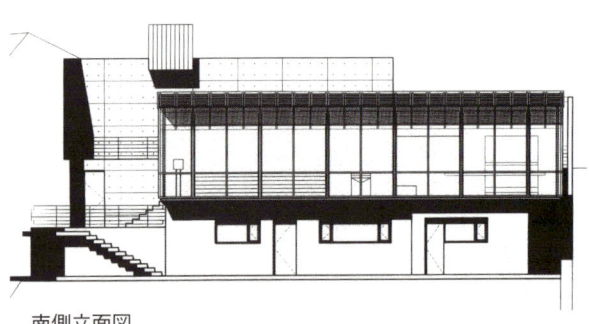

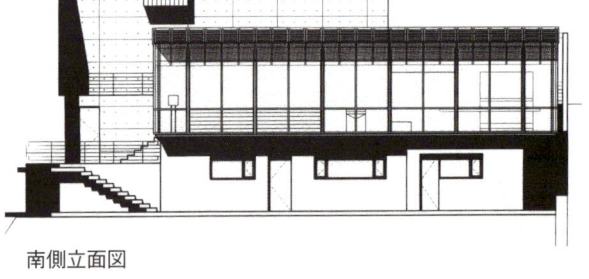

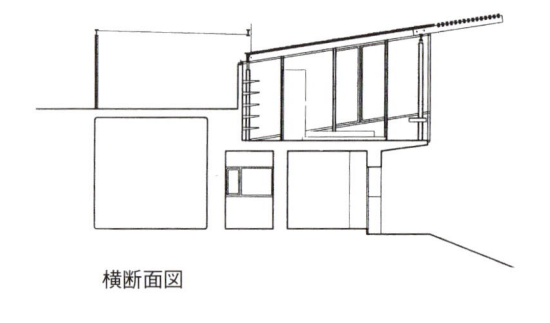

南側立面図

横断面図

TENアーキテクトス、カーサIA（バジェ・デ・ブラボ、メキシコ）

わずかな勾配を持つ金属屋根が2つのブロックの間に浮かんでいる。そこには空調に用いるための太陽電池が備えられている。

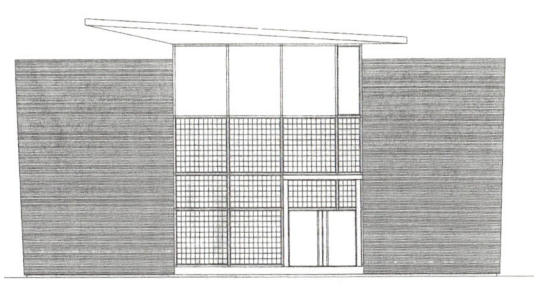

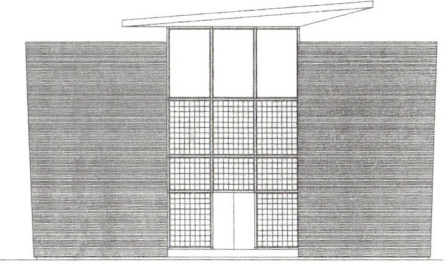

北側立面図

南側立面図

アーノルド・バサドンナ、アテンシオ・プリマリオセンター（トレンデンバーラ、スペイン）

135

換気筒および煙突

　換気筒の目的は、閉ざされた空間において二酸化炭素などの気体を新鮮な空気と置換することによって、空気を更新することである。空気の更新は、自然に行われる場合と人工的に行われる場合がある。自然換気は、羽根板、煙道、窓、風換気口、空力型換気口などを通じて行われる。空気の排出を加速させるために、小型ベンチレーターやフィルターつきの高性能機器などの電気的メカニズムが用いられる場合もある。

　風換気口によって、空気は亜鉛メッキ鋼板のパイプを通じて排出される。その直径は屋敷内の必要換気量によって計算される。屋敷の容積が大きくなれば、必要とされる換気口の数も増え、パイプのサイズも大きくなる。風換気口の機能は、わずかな風によって作動させることができる。羽根とベアリングの組み合わせにより、古い空気を回転させすばやく排出することができるようになっているからである。パイプの直径は、家庭用は100㎜、150㎜、200㎜があり、業務用としては400㎜、600㎜がある。

　重ね合わされた3個の同形の部材、蓋、くさびによって構成されている空力型換気口は、空気力学的仕組みにより空気の排出を促進させる。コンクリート製の場合は、24×24㎝から68×68㎝までの大きさのものがあり、また亜鉛メッキ鋼板製の場合は、直径が10、20、30、60㎜のものがある。空力型換気口は一般にバスルームやキッチンに用いられる。

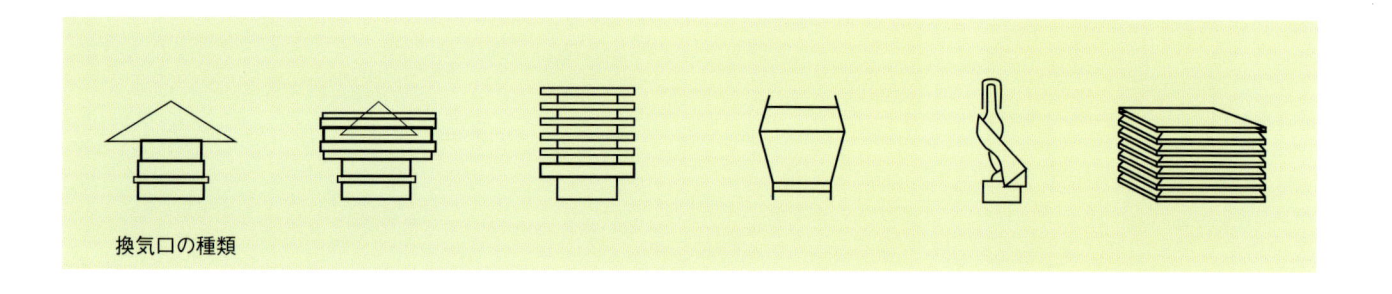

換気口の種類

　煙突（暖炉）は何世紀も前から用いられてきた暖房システムであり、いまなお多くの暖房設備の重要な構成部分となっている。煙突は屋根上部に近接する障害物があってはならない。煙道は、矩形の場合は少なくとも20×20㎝のものが必要であり、円筒形の場合は直径25㎝は必要である。煙突は屋根最頂部より1mの高さに立ち上がっていなければならない。また煙突は、下向きの空気の流れが良好な通気を妨げることがないような場所に設置されなければならない。

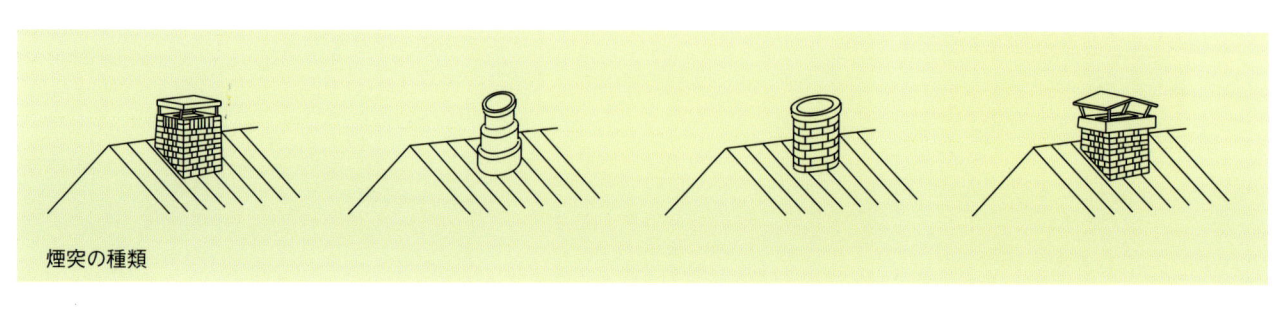

煙突の種類

ヘルマン&ボッシュ、専門学校寮（マールバッハ、ドイツ）

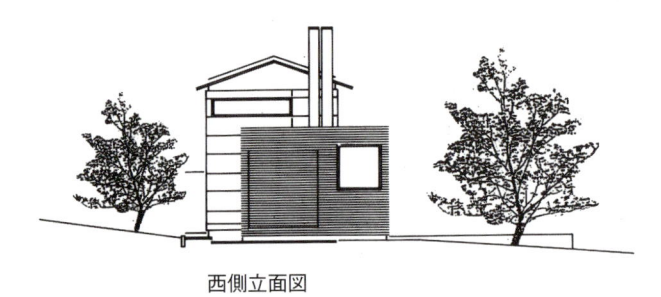

西側立面図

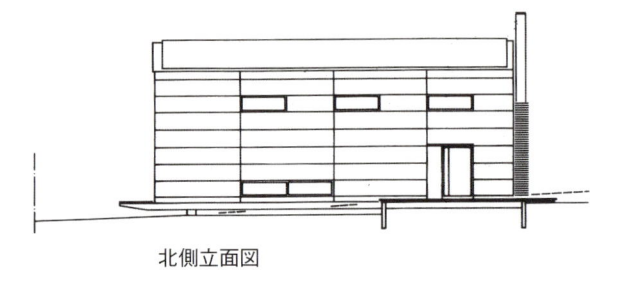

北側立面図

エリージョ・ノヴェッロ、トロエッシューチャンの家（エパリンジェ、スイス）

138

アクソノメトリック図

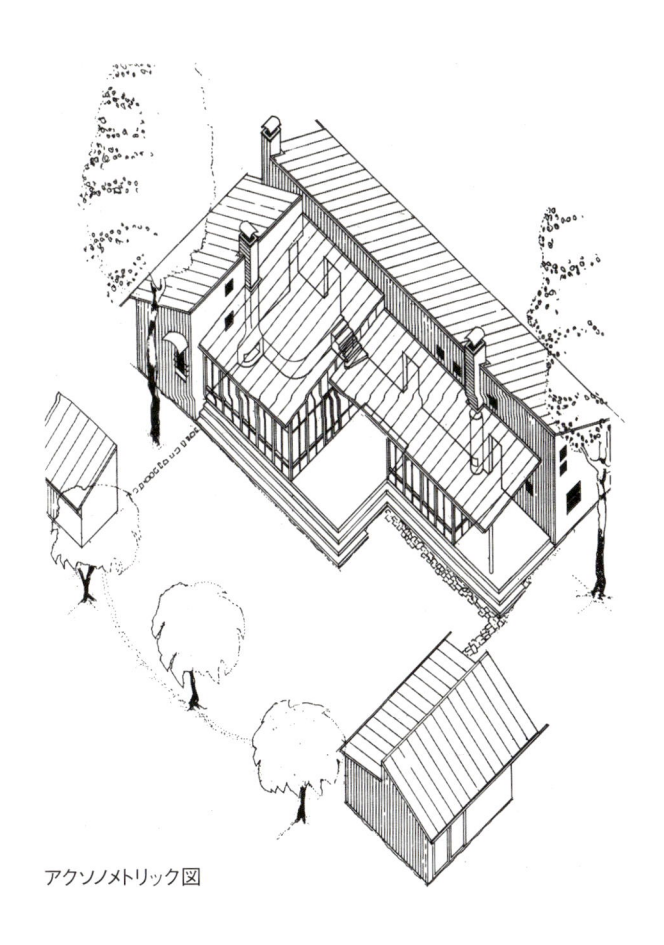

住宅は数本の鉄骨柱を除き木でできており、屋根は鋼板葺きである。

ゲラン・ウェストマン、ニューストレム邸（テービー、スウェーデン）

139

縦断面図

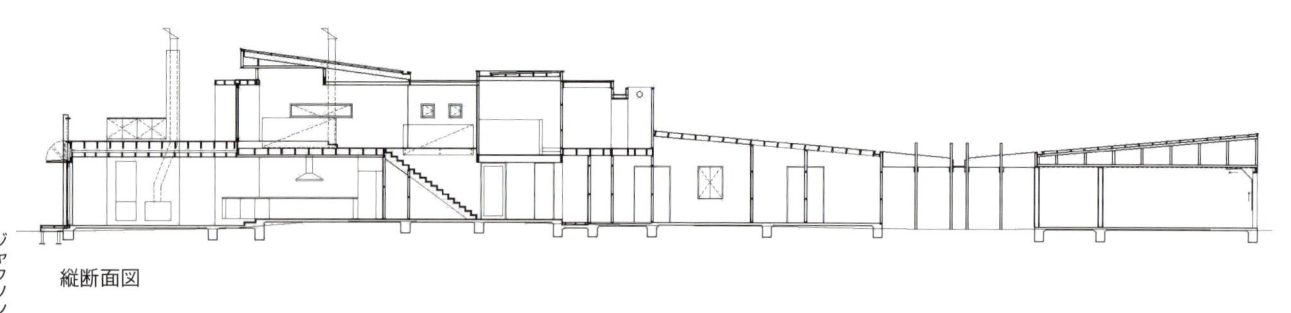

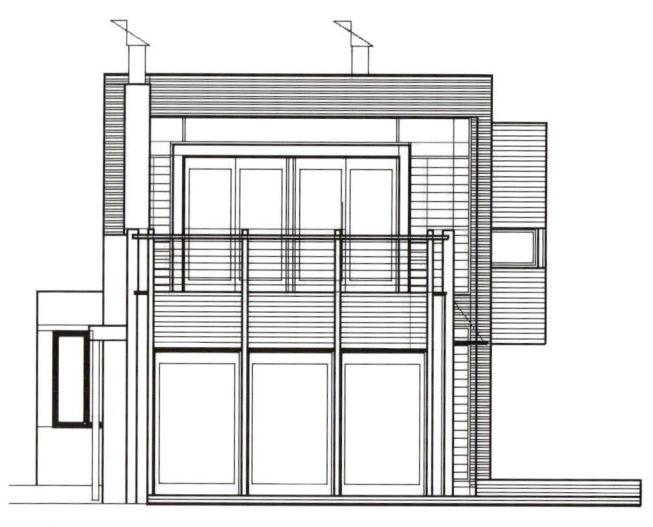

東側立面図

ジャクソン・クレメンツ・バローズ、リバーサイドテラス（ビクトリア、オーストラリア）

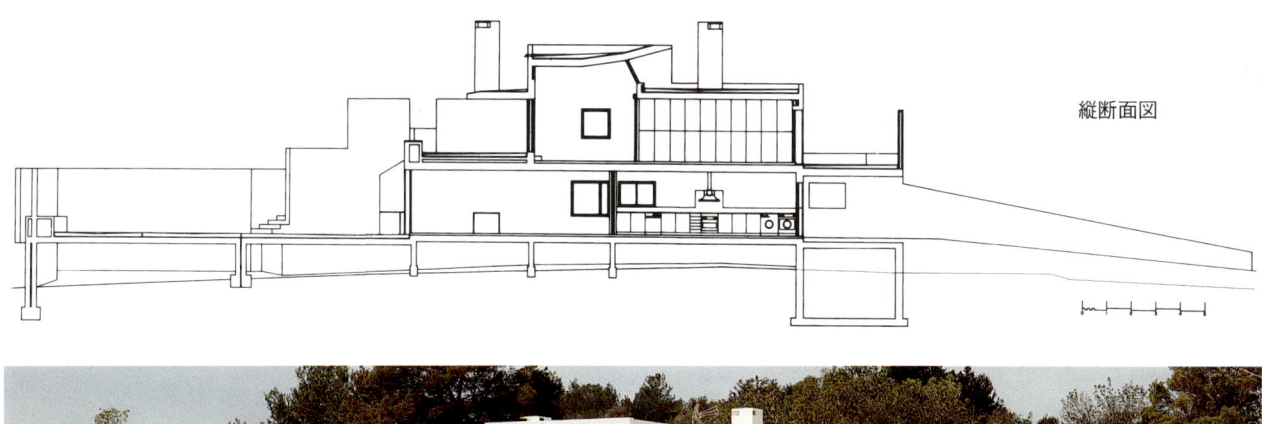

縦断面図

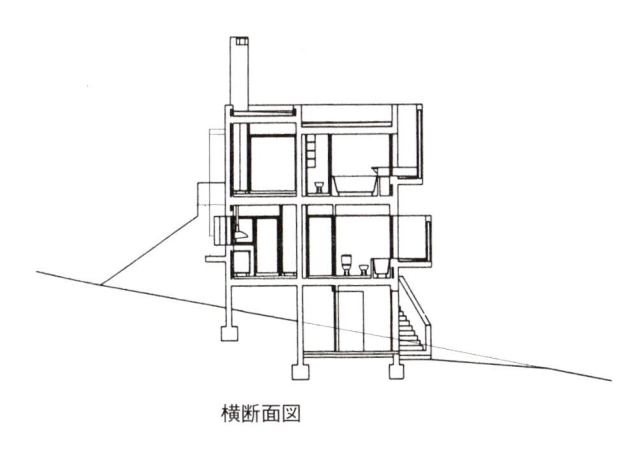

横断面図

ホセ・アントニオ・マルティーネス・ラペーニャ&エリアス・トーレス、ヴィセンス・マリの家（イビサ、スペイン）

141

ソーラーパネル

　太陽エネルギーは太陽内部の核融合反応によって生じる放射エネルギーであり、宇宙空間を経て地球に到達する。それゆえ太陽エネルギーは低密度分散型エネルギーである。熱エネルギーを収集する主要システムは、太陽熱放射を取り込みそれを作業液体に転移させる平らなプレート状の集熱パネルである。太陽熱集熱パネルは、集熱パネルからの熱損失を最小限に抑え、効率を最大にする透明なカバーで覆われている。太陽熱集熱パネルは温水と暖房という形で効率的に用いられ、通常屋根の上に設置される。

　北半球では、それは南向きに設置され、南半球では北向きに設置される。最適な傾斜角度は、その場所の緯度から求められる。一般に、1年中を通して使用されるシステム、例えば温水器として用いるような場合は、緯度と同じ角度の傾斜角度で設置される。

　現在では多くのシステムが電気的ネットワークへと連結され、多くの建築物の屋根を結んで統合されている。それは太陽電池パネルを設置することによって外部からのエネルギー供給を縮減することができるという、屋根の建築学的可能性を最大限に活用することを目的としている。太陽光発電の主たるエレメントはソーラーパネルであり、その主な利点は、その建物の消費量を超える電力をネットワークへと送電することができるという点である。

デュインカー、ファン・デル・トーレ、ニュースローテン（アムステルダム、オランダ）

集合住宅の屋根の大部分は太陽エネルギーシステムの設置のために利用されている。それによってエネルギー消費を最小限に抑えることが可能になる。

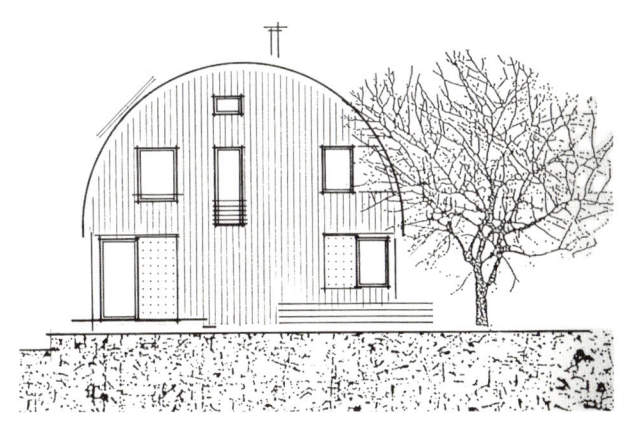

北側立面図

ベーニッシュ&パートナー、シャルロッテ邸（ジーレンバッハ、ドイツ）

デザインの最大の特長はヴォールト屋根である。それは大きな居住空間を生み出し、この建物を周囲の画一的な勾配屋根の家から差異化する。金属屋根の上には、太陽電池パネルが設置されている。

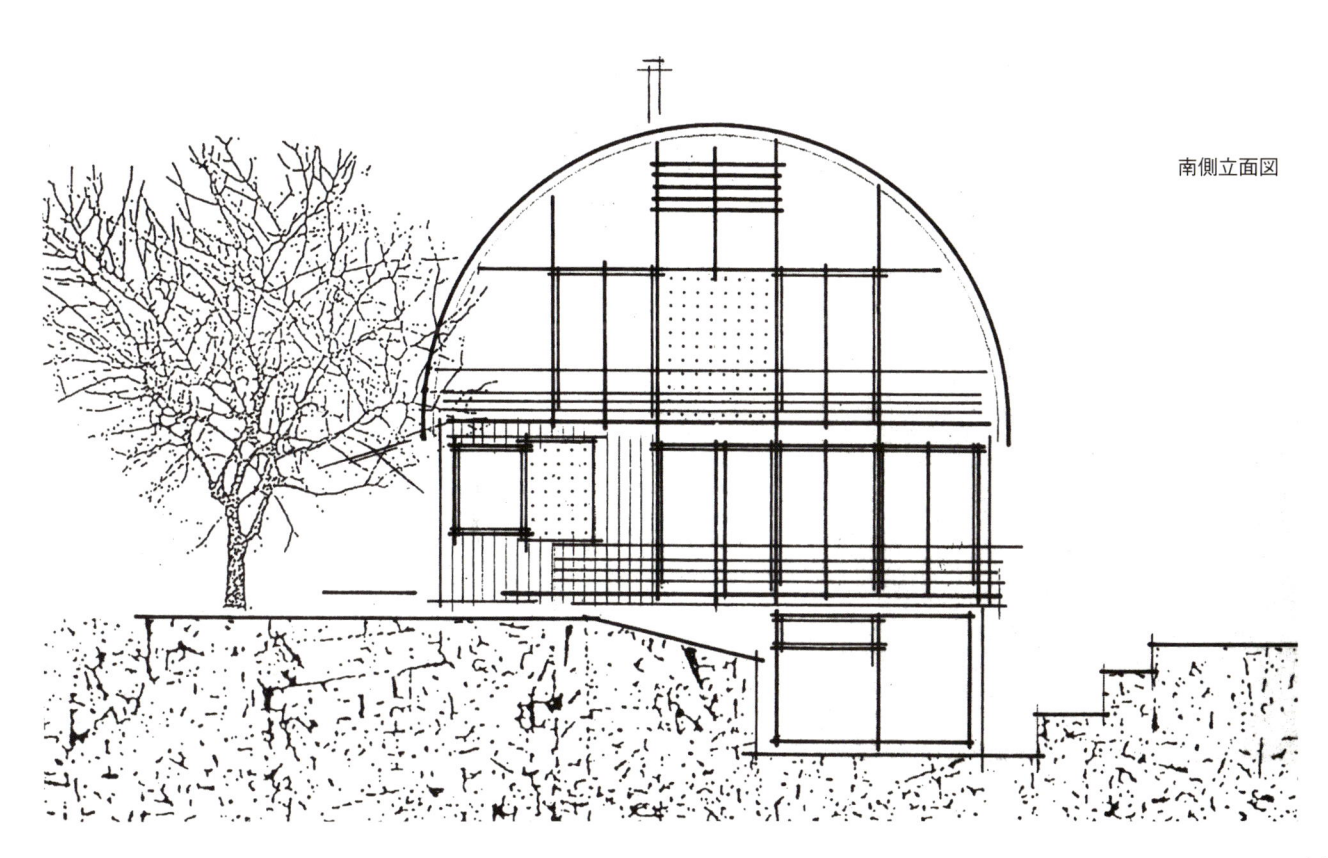

南側立面図

144

町のエネルギー戦略のモデルケースとして、太陽エネルギーシステムがスキームの中に取り入れられた。それは温水を供給し、暖房に利用される。太陽熱集熱パネルを南西向きの傾斜屋根に統合するため、屋根は波型パースペックス・シートで覆われている。

マーラー・ギュンスター&フックス、黒い森の住宅（ノイエンブルグ、ドイツ）

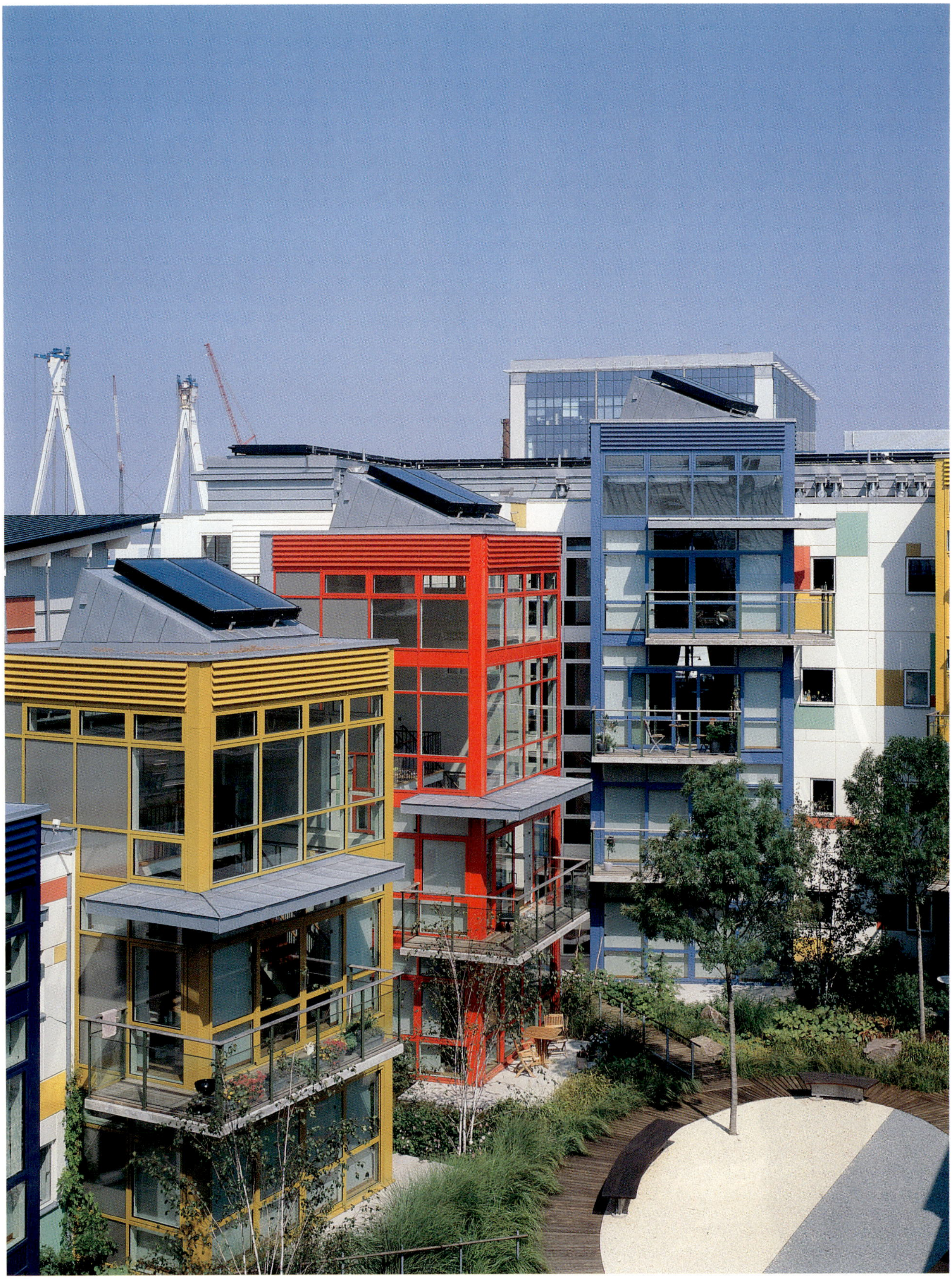

SWECO FFNSアーキテクター、Bo01タンゴビルディング(マルモ、スウェーデン)

樋およびドレン（排水管）

　勾配屋根においては、雨水は斜面を流れ落ち、樋とドレンパイプによって集められる。陸屋根においては、雨水はドレンに集められ、建物の外へと導かれる。

　勾配屋根外樋の材料には数種ある。軒樋は半円筒形のものと矩形のものがあり、軒の端に取り付けられる。一方箱樋は、軒に支えられ、それに隠れて下からは見えなくなっている。樋の深さや径は、屋根の表面積および立て樋までの長さによって決まる。

　陸屋根の場合、各斜面ごとに少なくとも2基のドレンを設置しなければならない。また防水層はドレンの入口まで延伸されていなければならない。ルーフドレンは、横型は詰まりやすいので、縦型のほうが好ましい。ドレンはプラスチック製のものと、鋳物のものがある。

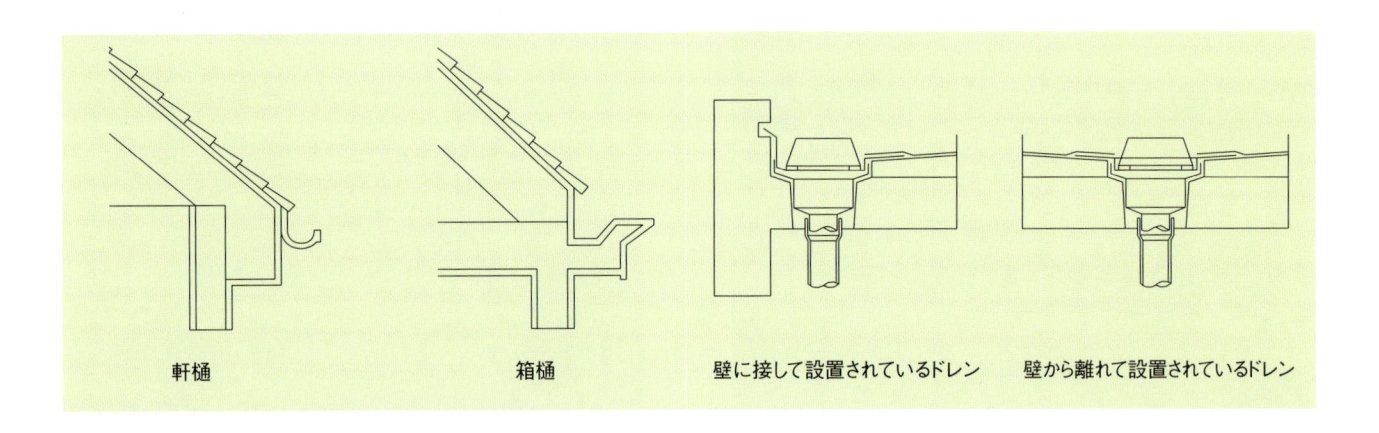

軒樋　　　箱樋　　　壁に接して設置されているドレン　　　壁から離れて設置されているドレン

アントニオ・ベッソ＝マルシェ、集合住宅（トリノ、イタリア）

笠木詳細図1

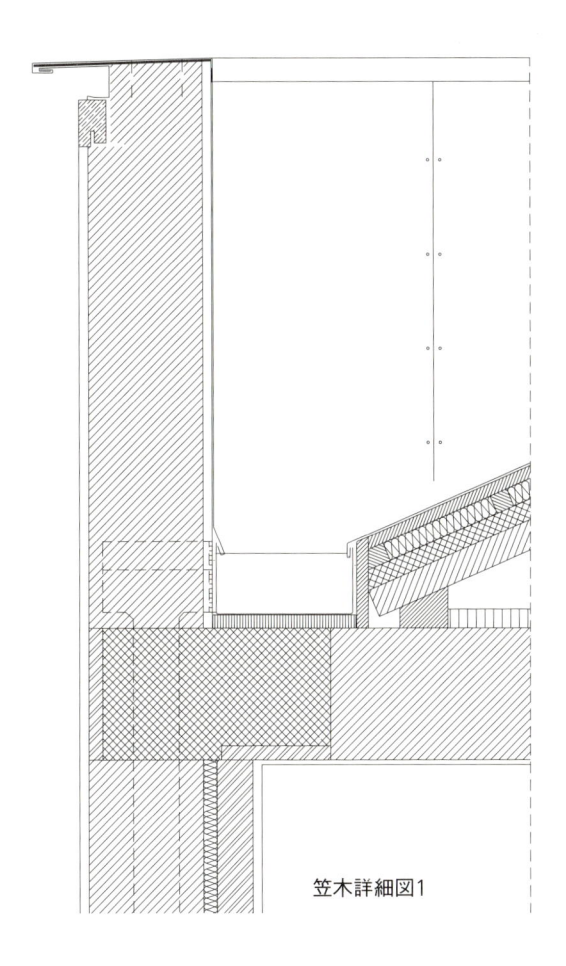

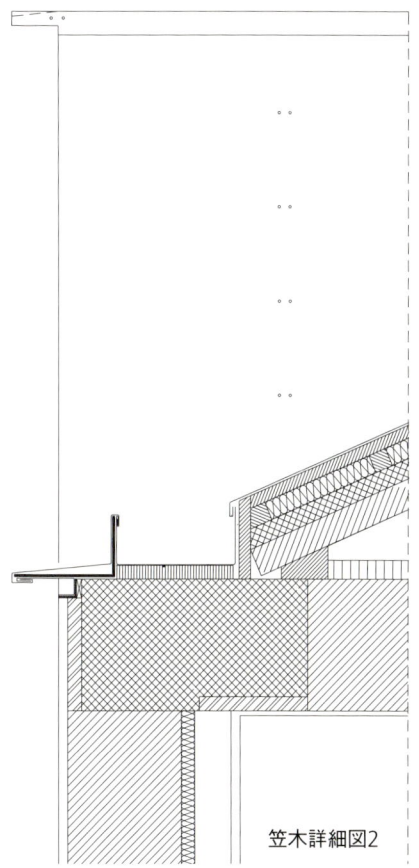

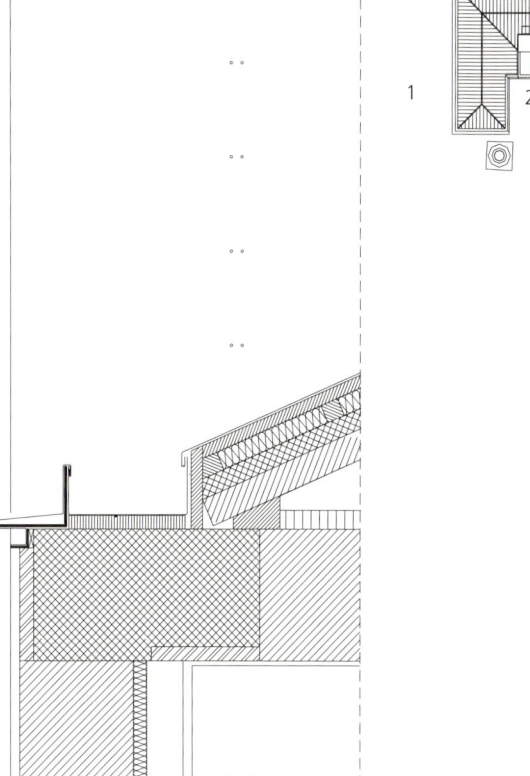

笠木詳細図2

チーノ・ズッキー、ハウスD（ベニス、イタリア）

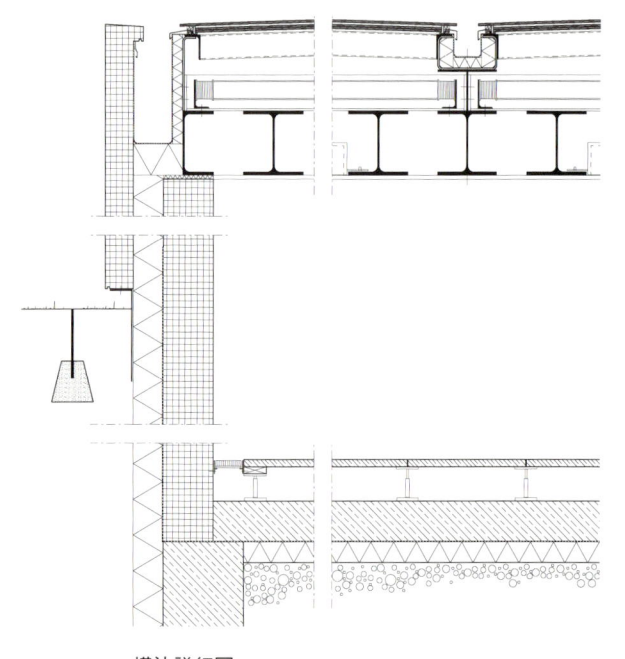

構法詳細図

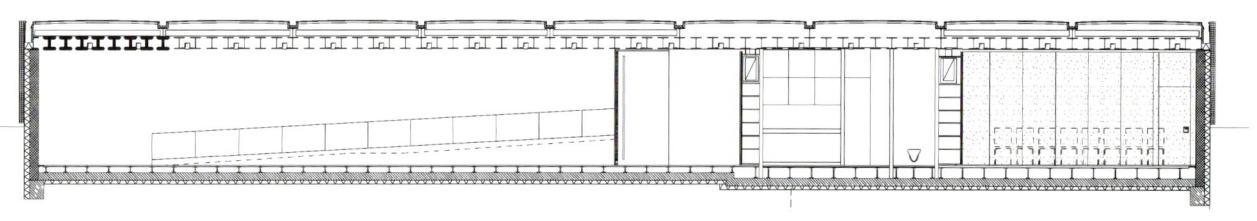

縦断面図

シュナイダー＋シューマッハ、ソビエト軍特別収容所記念館（ザクセンハウゼン、ドイツ）

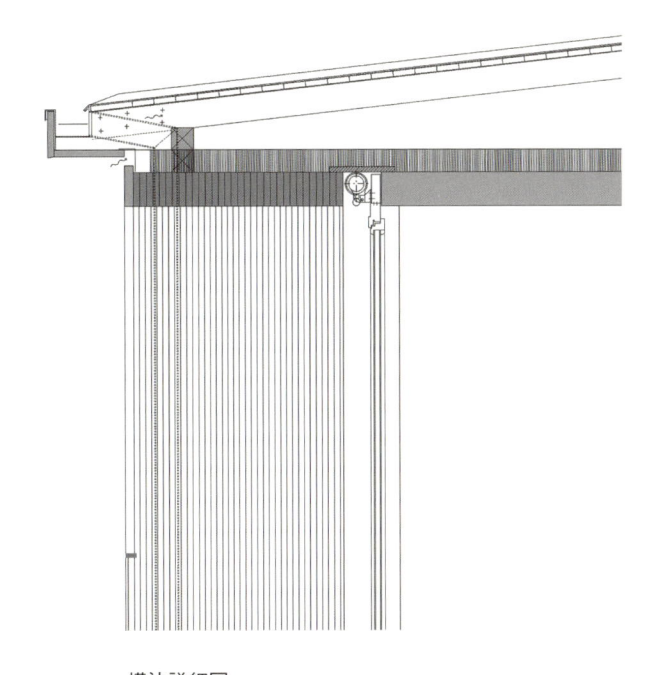

構法詳細図

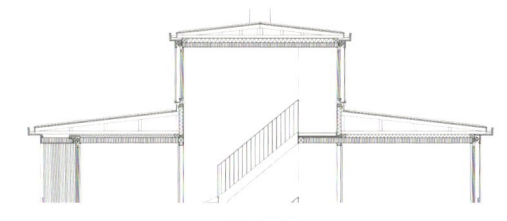

横断面図

プロブランニング・アーヒテクテン、オーベレ・ワイデン(アルレスハイム、スイス)

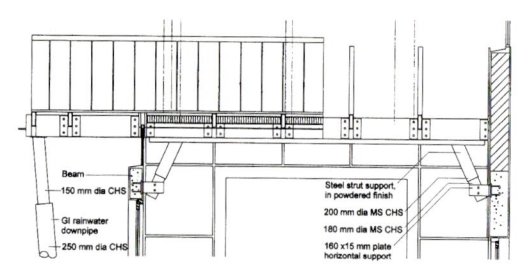

バタフライ屋根縦断面図

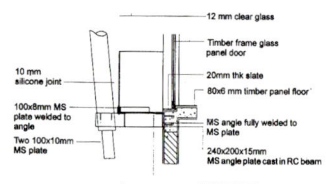

バルコニー断面図

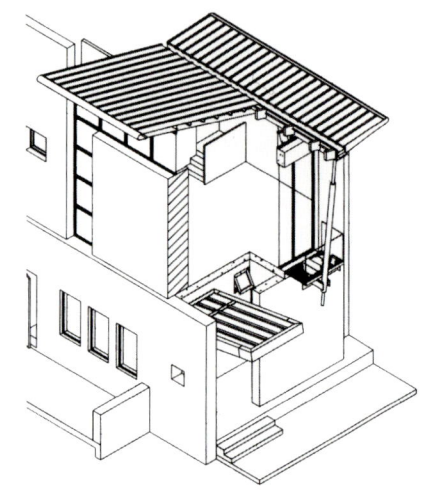

アクソノメトリック図

ベドマー&シ、レジデンス8（シンガポール）

ダニエル・マルク&ブルーノ・ツアキルヒェン、ベルギュンの家(ルツェルン、スイス)

瓦・タイル

　瓦には陶製、モルタル製、セメント製などがあり、形も多様である。また各タイプとも色が多く揃っており、仕上げ処理も各種ある。また棟、けらば、下り棟、換気口などの部位に応じて、特殊な形状の瓦が各種揃っている。

　陶製瓦の多孔質な性質は、防水の要件に反している。それが水を吸収するようになると、雨水の浸入が起こる可能性がある。ガラス製瓦や防水瓦、ほうろう瓦はその危険性を回避するためのよい代替材である。

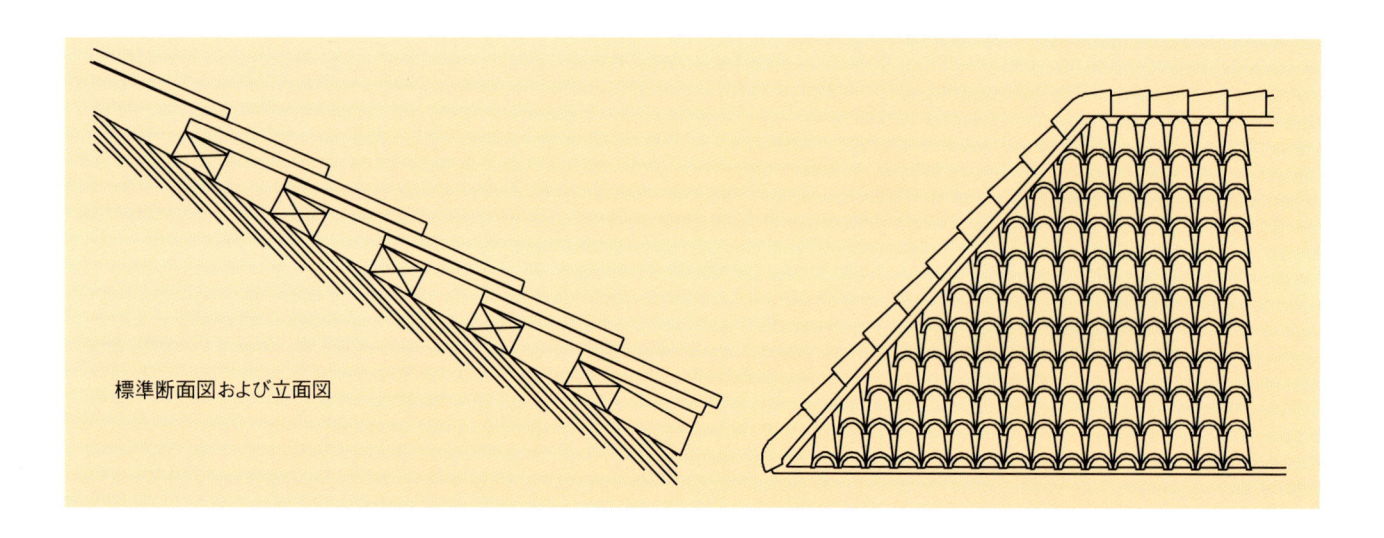

標準断面図および立面図

　瓦には丸瓦と平瓦がある。

　スパニッシュ瓦としても知られている丸瓦は、表面が円錐形または円柱形をしている。その形はプレス工程で成形される。型に粘土を詰めプレスするのである。スパニッシュ瓦は、上丸と下丸の2種類の瓦を交互に重ね合わせて葺く。下丸は上側が幅が広くなっており、下丸は下側が幅が広くなっている。スパニッシュ瓦葺きの最小勾配は、斜面6m以下の屋根の場合24%であり、最長12mの斜面で35%の勾配が取られる場合がある。石瓦で葺く場合、8cmの重ねしろを取り、12mの斜面を125%の勾配で葺く場合もある。最後に現代風の丸瓦は、暴風雨にも対処できるように噛み合わせ式になっている。

　平瓦は押し出し成形またはプレス成形で製造される。れんが製造に使われるのと同じ工程で、粘土は型にプレスされ、次に切り分けられる。瓦上辺の下側に2本のつばが、そして側辺に溝が付いており、それによって上下左右の瓦と噛み合わせ固定する。平瓦の場合、勾配は屋根の長さに応じてきつくしていき、長さ12mの勾配屋根で最大35%までの勾配となる。重ね葺きは雨水の浸入を防ぐために用いられる。

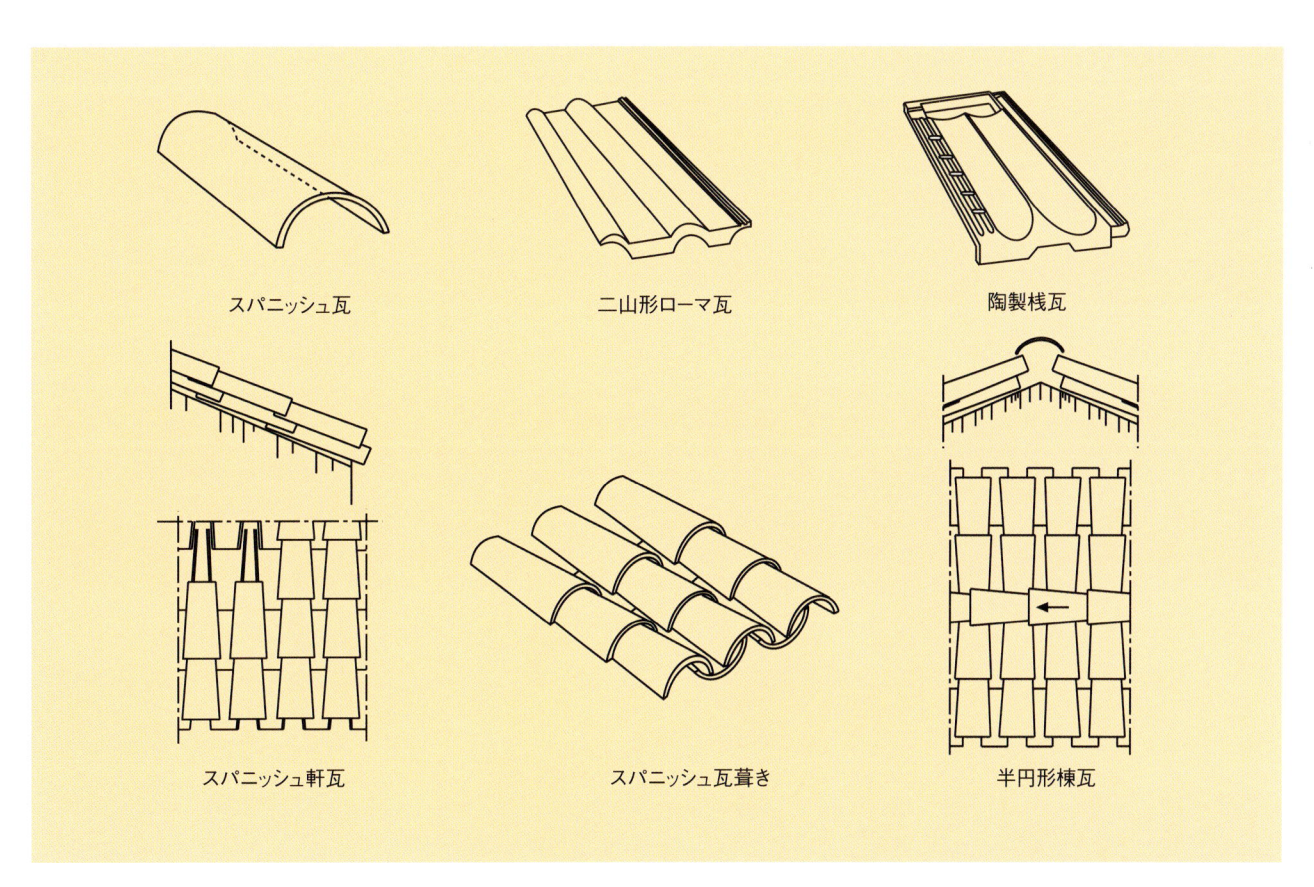

スパニッシュ瓦　　　　　二山形ローマ瓦　　　　　陶製桟瓦

スパニッシュ軒瓦　　　　スパニッシュ瓦葺き　　　　半円形棟瓦

エリオ・ディ・フランコ、ブレラの家（ヴィテルボ、イタリア）

屋根は縦軸方向に発展させられ、中央でストンと落下している。そこで二間の寝室のある中2階の床が途切れる。スパニッシュ瓦の再利用に際しては、屋根の曲線に合わせるのに困難があった。解決法は、壁に対して対角線状に瓦を葺くことであった。つまり一方の湾曲した壁を棟とみなし、もう一方の壁を谷とみなしたのである。

屋根はスラブの上に押し出しポリスチレンの断熱層を敷き、その上を瓦で葺いた。瓦は数箇所モルタルで固定している。棟とみなした壁との接合部には花崗岩の単板を張って防水被膜を覆い、壁を通じて雨水が浸入するのを防いでいる。底辺部では、別の防水被膜とアルミニウムシートが樋を形成し、それもまた谷とみなされた壁の上の花崗岩エレメントの中に納められている。

エドュアルド・ブル、カバニの家〈カステージャ、スペイン〉

レバノン人のシングルユニットの土着的建築物は、概して立方体または平行六面体によって構成されており、陸屋根または赤瓦葺きの方形屋根を有している。気候的配慮から赤瓦が使用されているが、それは冬期の凍えつくような寒さにも耐えることができる。

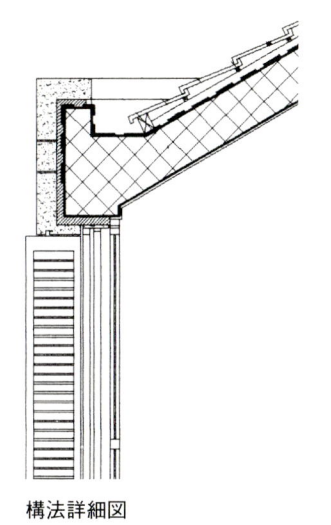

構法詳細図

シモーヌ・コスレメツリ、ファタール邸（ファクラ、レバノン）

アスファルトおよび合成樹脂ルーフィング

屋根は紫外線カット機能を備えた防水被膜によって覆うことができる。残されていることは、風吸引力対策を確実にすることである。このような被膜は、PVC（塩化ビニル樹脂）、EPDM（エチレンプロピレンゴム）、あるいは製造過程で金属粒または薄いメタルシートを含ませたアスファルトシートで作ることができる。

アスファルトシートは最も薄い屋根を作る解であり、残された要件は防水機能を持たせることだけである。最も伝統的な解決法は、露出仕上げ用ルーフィングフェルトを用いることである。安定化PVCシート、合成樹脂フォームまたはポリウレタンフォームが防水ルーフィングとして使用される。

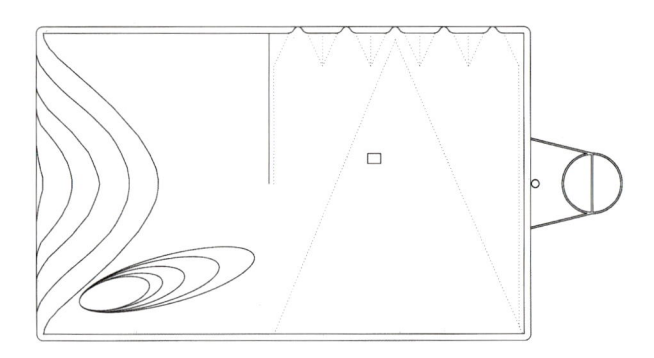

屋上平面図

ポリウレタン被膜によって接ぎ目のない建築物を作ることができる。この素材は元来屋根用として開発されたものである。強く、可塑性で、防水性があり、耐久性に優れ、魅力的で、化学的に不活性(つまり土も地下水も汚染しない)である。スプレーガンまたはペイントローラーで簡単に塗膜を作ることができる。

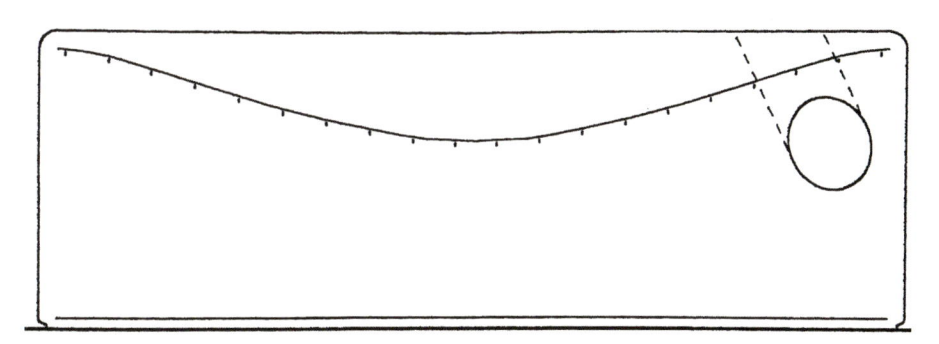

南側立面図

NLアーキテクツ、WOS8(ユトレヒト、オランダ)

木材

　木材は生物由来の自然素材で、近年ますます多く建築に用いられるようになっている。使用する木材の含水率は、15%から18%の間にあるものでなければならない。というのは、完全に乾燥させたものは、脆く割れやすく、建築には適さないからである。板屋根は水分と気候の変化に対して防護されなければならないが、同時に空気と接触した状態に保たれなければならない。乾燥前に据え付けられた木材エレメントの多くは、追加的な化学的処置が必要である。大気の変化の影響を少なくするために、木材は表面処理または浸漬によって薬剤を含浸させる必要がある。またシーリング材を用いて、水分や吸湿性物質との接触を防ぐ必要がある。自然作用因子にさらされる木造建築物は、水が滑り落ち、接合部から浸入することがないように設計されなければならない。

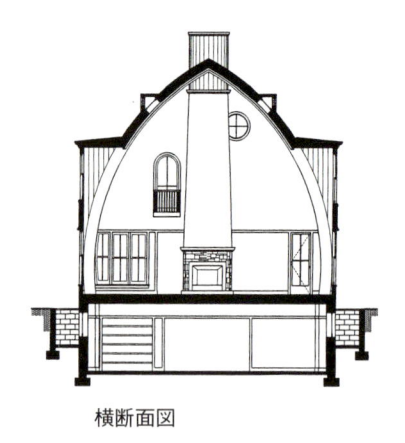

横断面図

デニス・ウェドリック、カッツ邸（イーストハンプトン、ニューヨーク）

　この住宅のアイデンティティーは、その屋根によって、あるいは屋根の不在によって与えられている。住宅は巨大な対角線リブのヴォールト構造になっており、側面にはガラス窓のある2階まで通しのリュネットが並んでいる。リュネットは四角いサイロをイメージさせ、同時にその高さから、室内ではアルコーブとして使用することが可能である。建物は湾曲した梁の構造となっており、シーダー材で葺かれた外壁は基礎から最頂部の棟木までいっきに上っている。全体が非常にバランスのとれた構成になっており、木構造が環境との一体感を生み出している。

東側立面図

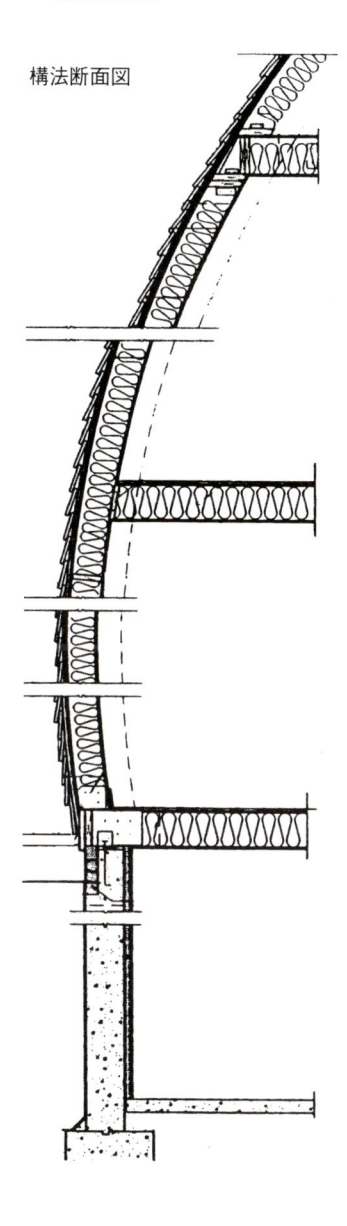

構法断面図

163

屋上平面図

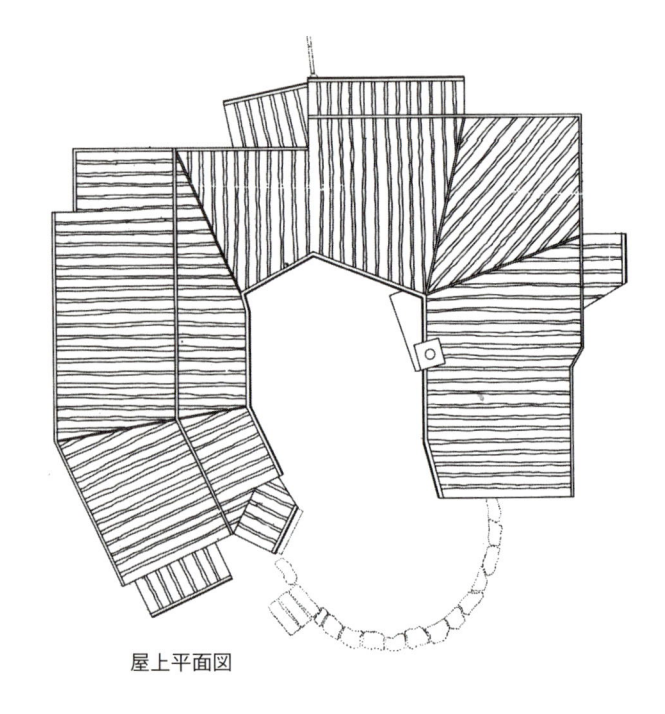

PER LINE、ブリーネの家（ブリーネ、ノルウェー）

164

住宅とガレージはともにコンクリートの基礎の上に木質耐力外真壁構法で建てられており、屋根も壁もタールで塗装した木材が張られている。さらに天井にもマツ材が張られている。建物は三日月型に折り曲げられ、その内部に自然から守られた、否、自然に向かって開かれた中庭が形成されている。メンテナンスが容易で、かつ地元の建築様式に溶け合うように、そして高い温度調節機能が果たせるように、木材が壁と屋根の両方に使われている。

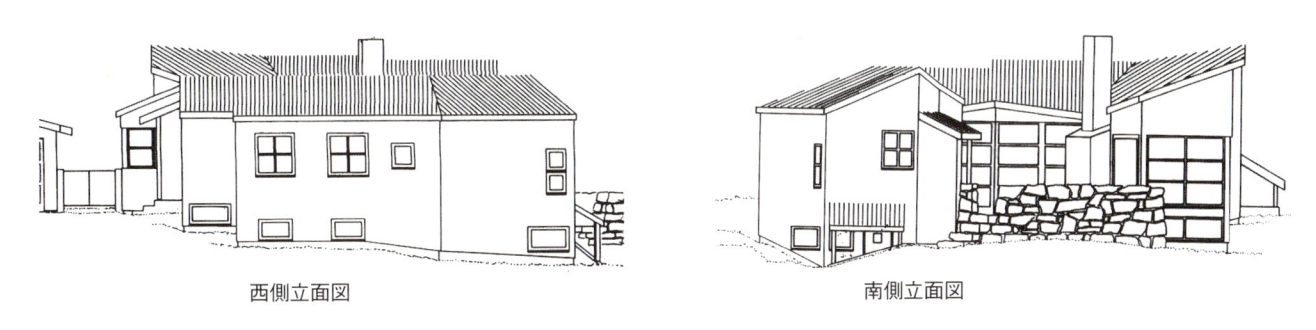

西側立面図

南側立面図

ガラス

　ガラスルーフは建築設計の重要な要素になっている。最近のシステムでは、複層ガラスを乾式グレイジングで固定することが可能になっている。ガラスパネルと換気エレメントを合成素材のコンプレッションガスケットでスチールまたはアルミの枠に固定し、水密性を保つという構造が一般的な例である。現在では、外側がフロートガラス、内側が合せガラスの複層ガラスが使用される傾向にある。

　ガラスルーフの設計においては、温室効果を防止するため太陽輻射対策を講じることが不可欠である。外側に熱線反射ガラスを使用することは、この問題に対する1つの解である。

　ガラスルーフには以下の最小勾配が用いられなければならない。
- 横目地のないガラスルーフ：14%
- 横目地のあるガラスルーフ：27%
- 換気装置を有するガラスルーフ：27%
- 軒に平行でない対角線枠を有するガラスルーフ：100%

　ガラスパネルの最も経済的な幅は70cm～90cmで、最大幅は3mまである。より大きなガラスパネルを使用するガラスルーフにおいては、横枠が使用されなければならない。

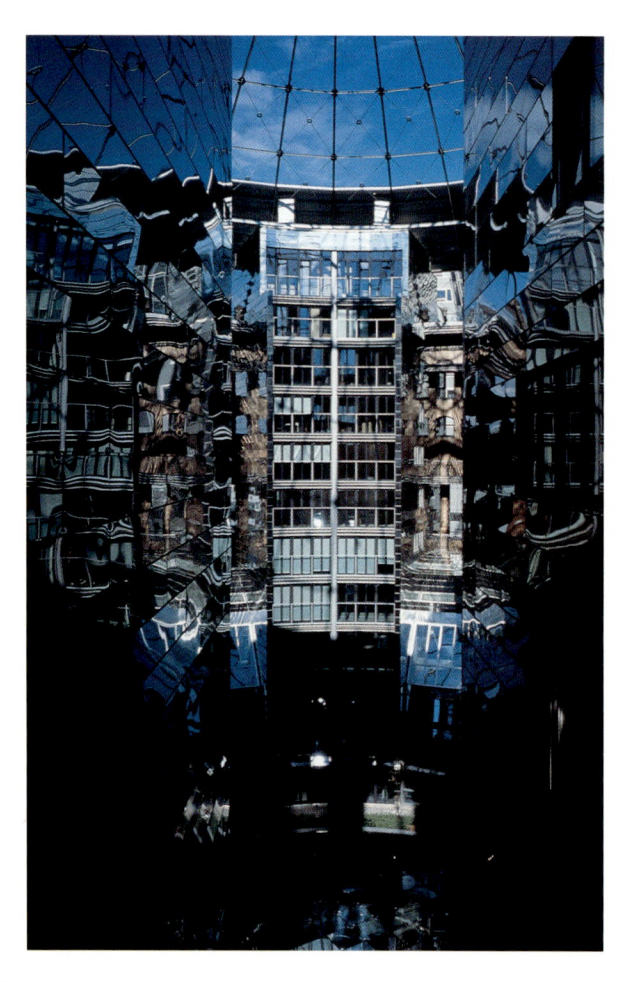

屋上平面図

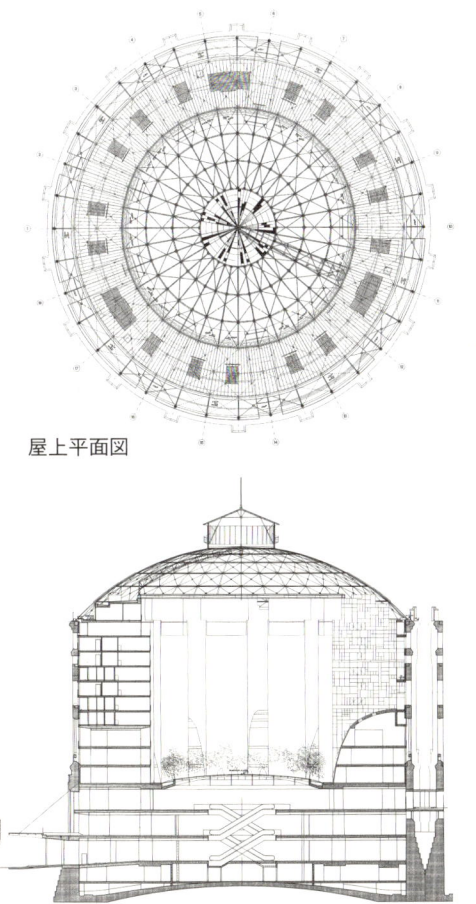

横断面図

ジャン・ヌーヴェル、ガスメーターA（ウィーン、オーストリア）

167

ショールームは約30度の勾配を持つ壮大なガラスルーフ構造の下に置かれている。ガラスは天空からの光を反射し、建物の北側ファサードを時々刻々変容させている。南側前面では、板材露出構造の屋根が、ファサードを越えて7m突き出している。ガラスルーフがあらわになっている鉄骨構造と、セールスエリアに外気を通しオフィスブロックを照らす斜めの外被は、壁と屋根による閉ざされたイディオムを清算している。

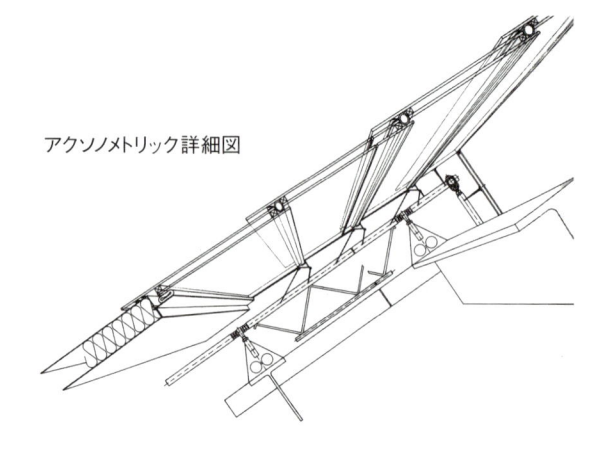

アクソノメトリック詳細図

フォルカー・ギーンケ、オデルファー・ビルディング（クラーゲンフルト、オーストリア）

立方体は複層ガラスのオールガラス接着構法で建てられている。基本構造は2本の梁に前面でネジ止めされた三重積層ガラスの2本の柱である。40％日影を落とす「ブリット釉」模様の絶縁強化合せガラスの屋根板が、梁に接着剤で固定されている。必要最小限の数だけ使用されているネジ止めの金物継手は、把み金物ではなく、シリコン接着剤を早く乾燥させる必要から取り付けられたものである（建物は冬に建てられた）。

アネタ・ブラント・カメノーヴァ＆クラウス・ワリツァー、セイラーハウス改築（ザルツブルグ、オーストリア）

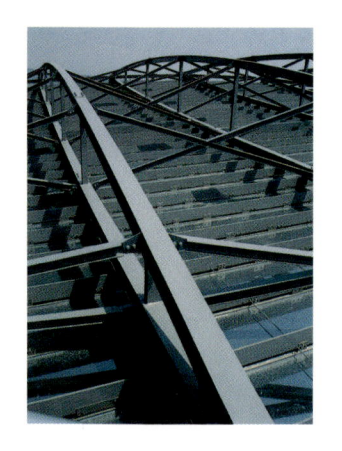

透明ガラスと網入り板ガラスの層で覆われたアトリウムは、リハビリテーションとレクレーションのための半屋外空間である。人々はそこで、ゆるやかな自然光と風の変化を感じることができる。構造的観点からいうと、全てのガラスウォールは風圧と積雪荷重に耐えられるように設計されている。

葉祥栄、老人保健施設サンダイアル（福岡）

2体のガラス張りのキューブが斜めに向き合い、中庭に突き出している。キューブの屋根もガラスで覆われており、客は冬でも寒さをがまんすることなく中庭でくつろぐことができる。

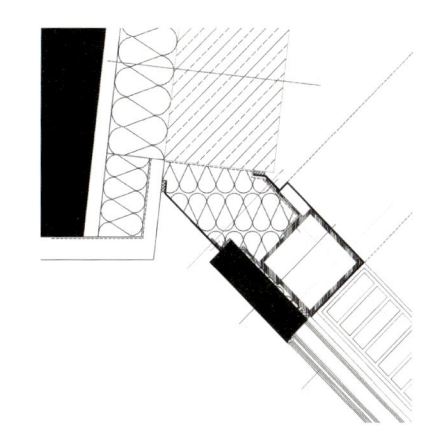

構法詳細図

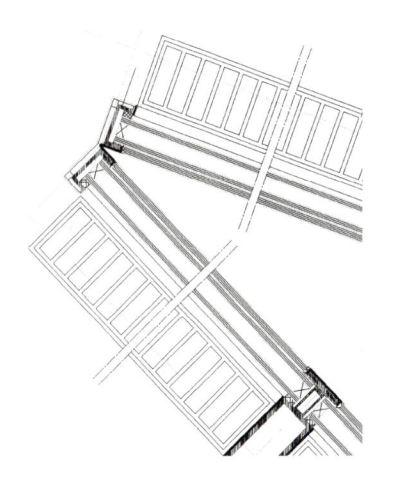

ナルバッハ&ナルバッハ、カフェブラボー（ベルリン、ドイツ）

171

金属

　金属屋根はパネル、シート、あるいはシングルで構成され、材料としては、亜鉛メッキ鋼板、アルミニウム、亜鉛、銅などがある。

　シートメタルルーフの場合、接ぎ目の数は最大勾配の線まで減らすことができる。特に直立した屋根の場合はそうである。シートメタルルーフの危険箇所は止めつけ部であり、水密性が保たれなければならない。

　金属屋根には必ずアースを取り付ける必要がある。というのは、風や温度差によって静電気を蓄える危険性が非常に高いからである。腐食や瑕疵などの危険性のため、金属屋根のメンテナンスは特に入念に行う必要がある。金属屋根においては熱による膨張は不可避であるため、材料によって異なるが、パネルのサイズは7mから12mの間までとすべきである。銅または亜鉛の薄板は可塑性があり、歪曲した屋根面にも合せることができる。薄板は接合部をはぜ接ぎにすることによって良好な水密性を得ることができる。

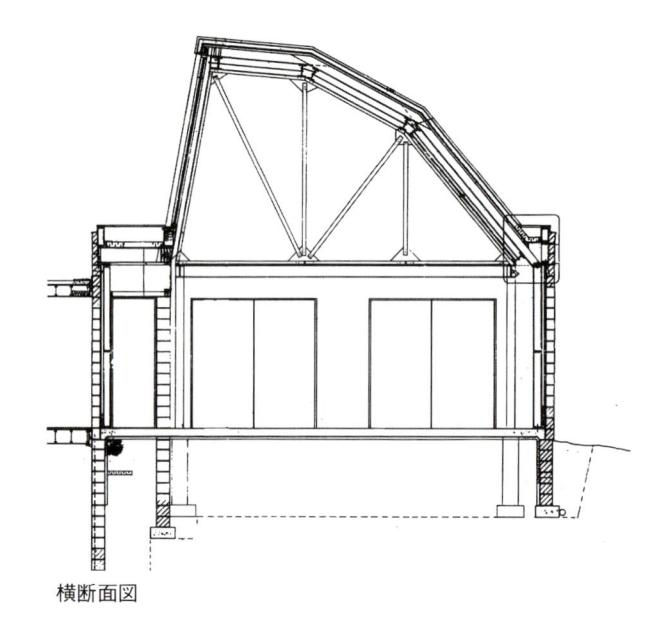

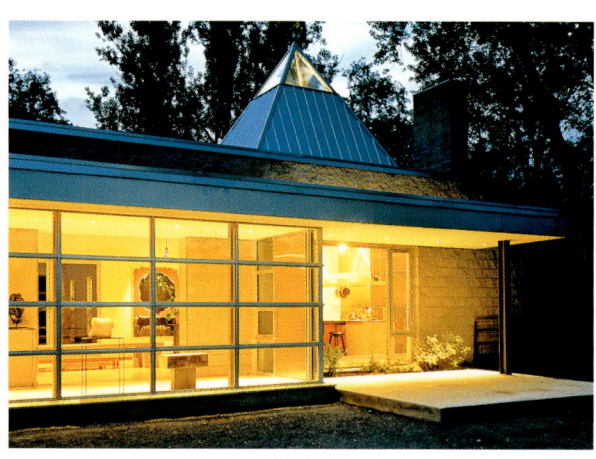

横断面図

ブルース・クワバラ＆エヴァン・ヴェーバー、リッチモンドヒルの住宅兼スタジオ（ノタリオ、カナダ）

屋根葺き材はアルミニウム波板である。アルミニウムシートの最大長さは7〜8m。

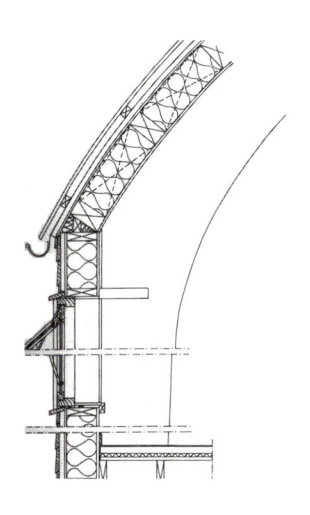

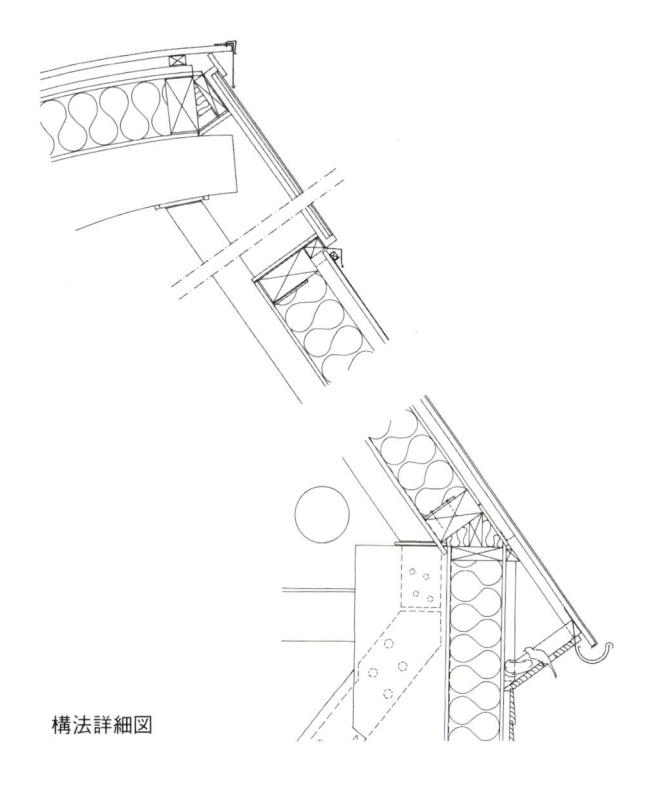

構法詳細図

バウフレッシェ、アーキテクチュラル・スタジオ（カッセル、ドイツ）

173

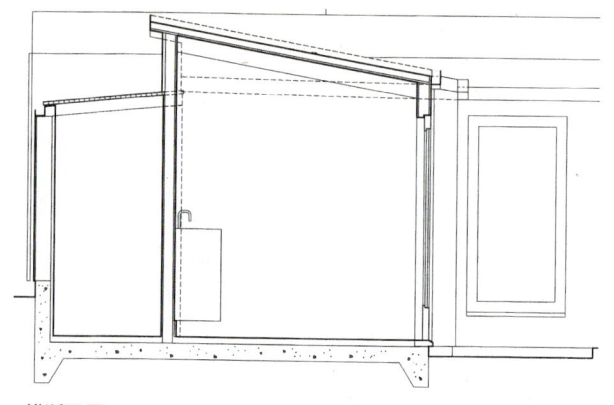

横断面図

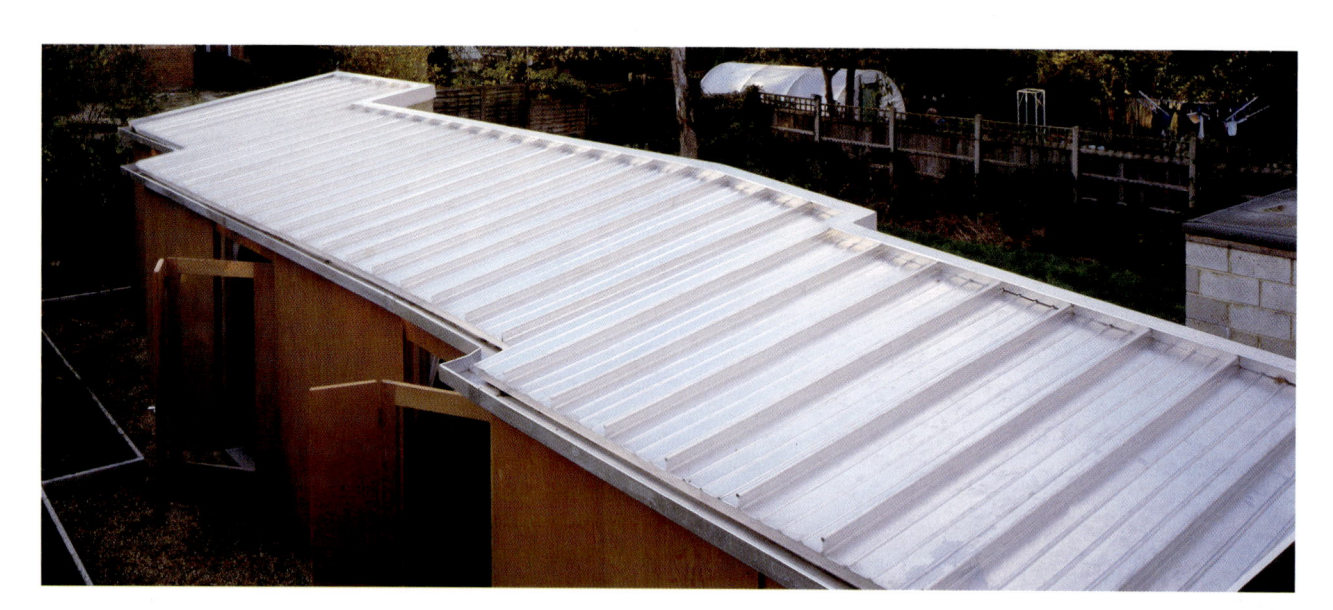

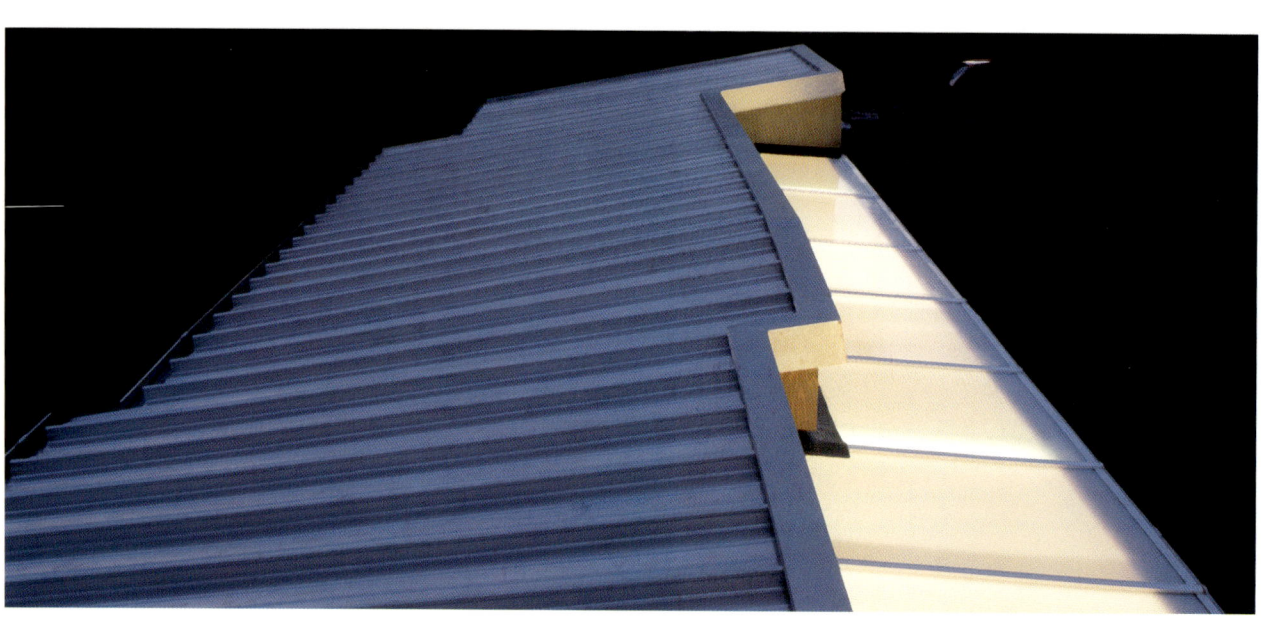

ホールトン・テイラー・アーキテクツ、デルウェント・メディカルセンター（ロンドン）

174

マニュエル・デ・ラ・カサス、インスティチュート・ヒスパーノ・ルソ（ザモラ、スペイン）

産調出版の本

木材活用ハンドブック
最も使用頻度が高く人気が高い
主要木材の実践的ガイド

ニック・ギブス 著

木工家にとって価値ある木材150種以上を学名及び一般名、長短所は勿論生育・作業特性まで断面のカラー写真付きで解説。本書はまさに内容多彩、木材サンプルの優れたパレットとしてすぐに活用できる実用バイブル。

本体価格3,200円

インテリア材料活用ハンドブック

ヘレン・バウアーズ 著

本書は建築士やデザイナーは勿論、建設業者に相談または依頼する際のガイドとして、利用したい素材についてよく分かる実用的ハンドブック。昔から使われ続けてきた仕上げ材等について、現代的で革新的な用途を数多く紹介。

本体価格2,400円

床材フロアマテリアル
床材料の選定と仕上げ施工の
為の完全設計・施工ガイド

デニス・ジェフリーズ 著
本橋健司 監修

美しいカラー写真とイラストで、豊富な仕上げ例をやさしく、分かり易く解説。興味のある個人や新人の方にも充分活用可能。

本体価格3,300円

ニューナチュラルハウスブック
エコロジー、調和、
健康的な住環境の創造

デヴィット・ピアソン 著

ナチュラルハウスの概念を健康と環境の両面から包括的に取り上げ、図版を用いて解説する。

本体価格4,940円

ナチュラルアーキテクチャ
土と建物と住む人の
魂のハーモニー

デヴィット・ピアソン 著

自然を意識し、生態系、健康、精神をテーマに、世界各国の住宅の写真とそれぞれの立場の習慣などを紹介する。

本体価格4,272円

インテリアカラーバイブル
室内カラーの選択を、
正確に創造できる
ガイドの決定版

ケビン・マクラウド 著

最新のヘキサクローム6色刷りによって実現した700色、64タイプの室内カラー写真には目をうばわれる。設計者、建築家、学生、工芸家、アーティスト、色のパワーに魅せられたすべての人に。

本体価格4,200円

Roofs
屋根の設計ディテール

発　　　行　2006年7月1日
本 体 価 格　3,900円
発 行 者　平野　陽三
発 行 所　産調出版株式会社
　　　　　〒169-0074 東京都新宿区北新宿3-14-8
　　　　　TEL.03(3363)9221　FAX.03(3366)3503

　　　　　http://www.gaiajapan.co.jp

Copyright SUNCHOH SHUPPAN INC. JAPAN2006
ISBN 4-88282-482-5 C3052
Printed and bound in China

落丁本・乱丁本はお取り替えいたします。
本書を許可なく複製することは、かたくお断わりします。

企　　画：アリアン・モスタエディ (Arian Mostaedi)
著書多数、代表作に"The American House today"。カリフォルニアにある学校でヨーロッパ建築のワークショップを開く等、多様なキャリアを持つ。現在カリフォルニア在住。

エディター：ピラー・チュエカ (Pilar Chueca)
経験豊富な建築家であり「Architecture in Detailシリーズ (LINKSINTERNATIONAL/2004)」の編集・監修者。このシリーズでは実用的かつ彫刻的な要素を持つ、階段について研究し成功を収めた。現在スペインのバルセロナの歴史の古いグラシア近郊に在住。様々な出版物のコンサルタントとして活躍している。

翻 訳 者：乙須　敏紀 (おとす としのり)
九州大学文学部哲学科卒業。訳書に『床材フロアマテリアル』『階段のデザイン』『木材活用ハンドブック』『木工技術シリーズ③工具』(すべて産調出版)など。